Círculo Rojo

Poesías, coplas y canciones

Mi cancionero

Poesías, coplas y canciones

Mi cancionero 1

ÁNGEL CUSTODIO MÁRQUEZ
(EL POETA SENTIMENTAL)

Círculo Rojo
EDITORIAL

Primera edición: marzo 2024

Depósito legal: AL 395-2024

ISBN: 978-84-1061-752-0

Impresión y producción: Editorial Círculo Rojo

© Del texto: Ángel Custodio Márquez
© Maquetación y diseño: Equipo de Editorial Círculo Rojo

Editorial Círculo Rojo

www.editorialcirculorojo.com

info@editorialcirculorojo.com

Impreso en España - Printed in Spain

Mi pensamiento vuela libre
como el viento y mi verso
cabalga como el potro cimarrón
en la llanura infinita.
desafiante y lozana...

AGRADECIMIENTOS

Quiero agradecer primeramente a Dios, el Todopoderoso, que es la luz de la vida, la luz de la esperanza en cada ser humano, el que nos dota de infinitos dones y cualidades particulares.

Eternamente agradecido con mi madre por darme la vida y sembrar en mí los grandes valores y el amor por la música. En virtud de ello, di mis primeros pasos en este proyecto.

Mi especial agradecimiento a la Mtr. en Ciencias María Ester Molina, profesora que ha representado mucho en mi vida y en mi formación profesional, poniéndome siempre como ejemplo de constancia y responsabilidad.

Agradezco infinitamente a mi profesora y amiga Lcda. Ilce Esmeralda Nieves por la orientación en este proyecto, quien ha fortalecido mis cualidades como compositor.

Mi reconocimiento merecedor para mi hermano Jesús Enrique Márquez por su aporte a este proyecto; sin él no hubiese materializado este proyecto.

DEDICATORIA

Para mi madre, que, aunque no está entre nosotros, me amó como se ama a un hijo, me formó con buenos principios y valores, enseñándome mis primeras canciones, lo que me llevó a introducirme en el mundo de la composición, basándome en una inspiración genuina de la poesía folclórica.

A mis queridos y adorados hijos, que siempre han sido mi fortaleza para seguir adelante. Por ellos y para ellos todo mi ser. Tomen de mí lo bueno para que sean mejores y brillen siempre.

A mi esposa, que con su apoyo me motiva a seguir escribiendo, llenándome de inspiración en cada amanecer.

Con especial dedicación para mis cinco hermanos, que siempre estuvieron allí, a mi lado, brindándome entusiasmo con esta obra que representa en gran parte nuestros orígenes y costumbres, creyendo en mis cualidades innatas.

Para toda la gran familia Márquez por apoyarme incondicionalmente en cada composición, valorándome como escritor y motivándome a seguir adelante con mi legado folclorista y trascendental.

Con gran cariño para mis buenos amigos y compadres por creer en mí, en mi proyecto y en lo que escribo, lo cual hago con mucho sentimiento.

PRÓLOGO

Es una maravilla que le permite al poeta navegar apasionadamente por distintas dimensiones del pensamiento expresando sus emociones, su sentir, sus experiencias, sus anécdotas; llevando la prosa como herramienta para plasmar en versos armoniosos una obra de arte creativa, valiéndose de sus cualidades artísticas, convirtiendo un acontecimiento con buen sentido poético.

En tal sentido, en este libro mostraremos una diversidad de textos en los que el autor presenta su estilo a través de la poesía, la copla y la canción llanera.

En esta obra se busca transmitir una diversidad de sentimientos, reflexiones, saberes populares, costumbres, tradiciones culturales y vivencias basadas en la vida, en el amor, el respeto, el trabajo del campo, la valentía del hombre campesino en los quehaceres diarios, en algunos casos caracterizando las cualidades del hombre llanero y su apego por la tierra donde nació; así como el respeto y admiración por la mujer y su apasionamiento por la música, la cual escribe, valiéndose de sus habilidades y cualidades poéticas.

Además, se narran en prosa poética las relaciones amorosas entre parejas, recitando las conquistas e ilusiones, sufrimientos y traiciones que son comunes en estas escenas de la vida en la que la poesía es la gran protagonista y el poeta escribe sus grandes anhelos.

También se precisa la importancia que tiene el salvaguardar estos saberes tradicionales y culturales a través de la canción y la poesía, enriqueciendo el conocimiento a las futuras generaciones mediante este libro.

1 SIMPLEMENTE, MUJER

I

Mujer de bonitos ojos, de figura escultural y de larga cabellera, eres majestad genuina y la obra más perfecta de mi Dios aquí en la tierra, sinónimo de belleza, cautivadora y sincera.
Mujer de bonitos ojos, de figura escultural y de larga cabellera, eres majestad genuina y la obra más perfecta de mi Dios aquí en la tierra, sinónimo de belleza, cautivadora y sincera.

Mujer como tú ninguna, sutil, amorosa y bella, radiante, maravillosa, valiente gentil y tierna, atractiva y generosa, encantos de luna llena. Simplemente eres, mujer, mi encantadora doncella.
Mujeres todas toditas son como flor de azucenas, su corazón un diamante, brillan por dentro y por fuera, y en su cuerpo arde un fuego, una brasa que nos quema. Eres la luz que nos brinda su paz divina y eterna.

II

Mujer de rostro risueño, de mirada angelical y boquita de colmena, osada de mil virtudes, un paraíso viviente cual jardín de primavera, fragancia de aquella esencia que huele a flor sabanera.
Mujer de rostro risueño, de mirada angelical y boquita de colmena, osada de mil virtudes, un paraíso viviente cual jardín de primavera, fragancia de aquella esencia que huele a flor sabanera

Son tantos los atributos y elogios de quien pudiera… Pa enaltecerte, mujer, no alcanza una vida entera. Eres símbolo inmortal, pues de amor tiene una escuela y en su pecho hay un remanso donde naufraga mi vela.

Mujeres lindas y bellas merecen que se les quiera, encendiendo aquella llama febrileña de su hoguera. Aunque han pasado los años, también fue una quinceañera y siente con manos suaves el fulgor de una candela.

2 EL POEMA DE LAS BRUJAS DE PAREJA

No son cuentos ni mentiras ni un relato inventado, son los hechos transcurridos que en el tiempo se han posado en la comarca alcarreña. Muchas lunas han pasado ante los ojos relucientes de un lucero trasnochado y en los albores del tiempo hoy la musa me ha inspirado para pintar un retrato en un destello iluminado con la prosa soñolienta del poeta que ha llegado, con un verso relancino a este bonito poblado.

Por allá en el siglo XVI, tantas historias han contado, pero ninguna como esta, que nos dejará abismados. Ocurrida aquí mismito en el seno del poblado para el mil quinientos veintiséis (1526), según los cuentos escuchados; lo relatan sus moradores, gentilicio parejano. Entre tantos escritores, muchas obras han plasmado, como antecedentes históricos de hechizos encantados. En la villa de Pareja hay muchos relatos guardados.

Son sucesos tan veraces que nos dejan deslumbrados, muertes inéditas de inocentes que en esa época encontraron a pequeños indefensos que en sus lechos asfixiaron. Cuántas noches en tinieblas, cuántos padres lastimados con luto en sus corazones y lágrimas que rodaron por sus rostros lastimosos, qué gran pérdida causaron en el seno de su hogar y a su pequeño amortajaron.

Culpan a brujas y hechiceras de los hechos suscitados, desde Pareja hasta Cuenca en sus escobas han volado a encontrarse con Lucifer, el mismo diablo reencarnado. Dominante de sus mentes, al sacrilegio los ha ordenado. Los niños sin santiguar serán los sacrificados, los hogares sin crucifijos serán los más azotados. Estas brujas se podrán meter por ventanales y tejados a cometer su maleficio, el sacrificio encomendado.

Estas muertes repetidas y misteriosas asombraron a todos los pobladores que la denuncia formularon. A la iglesia han acudido y al gobernador han convocado, con nombres y con apellidos a las brujas mencionaron. A Juana en primera instancia, la Morillas, la acusaron; a Francisca, la Ansarona, y otras más que acompañaron; Ana, la Roa, y María Parra su fe atestiguaron; por ser hijas de Morillas, su perfil lo señalaron.

A Juana, la Morillas, fue la que apresaron. La torturan pa que acuse y confiese sus pecados. Fue encerrada en la muralla, el gobernador así mismo ordenado por castigo la prisión. Ese fue su resultado de la Santa Inquisición, como tribunal fue el encargado. En asuntos brujeriles el expediente aperturado. Entre torturas y tormentos las mujeres confesaron ser culpables de su oficio y de todo lo acusado.

Muere Juana, la Morillas; de la torre se ha lanzado. Su muerte tan misteriosa no quedó bien aclarada, cayendo así al vacío su cuerpo defenestrado. Unos dicen que la echaron, otros que se ha suicidado. La califican como «bruja desesperada» que la vida se ha quitado. Su cadáver recogido y su cuerpo fue quemado por aquel pueblo encendido en la era de Milano. Si son culpables o inocentes mucha gente ha preguntado, las mujeres de esta historia que en poema la he versado.

3 SEÑORA BONITA

I

Señora bonita, perdóname si te ofendo, pero tengo que decirte lo que aquí en mi pecho siento.

Su perfil tan atractivo, su cabellera y su estilo, su sonrisa encantadora para mí son un tormento.

¡Señora!, usted es motivo que me inspira para cantarle estos versos. Siento celos de la vida por no estar en tu aposento y no ser quien te acompaña para cuidar de tus sueños, acariciando su rostro, encantos de mi embeleso.

El tiempo no es excusa para evitar ni ocultar tus sentimientos. Las líneas son tu experiencia que auguran bellos momentos, el panorama en tu vida, que usted, a pesar del tiempo, sigue siendo la señora más bella del universo.

II

Señora bonita, es usted un monumento, sutil, sensitivo y tierno de belleza excepcional.

Cuántos quisieran tener de tus labios un besito y caminar de la mano sin temor al qué dirán.

Perdóname, si te falto sin pensar, hiriendo tu dignidad. El querer no tiene precio ni reconoce la edad. El amor, cuando es bonito, habla con sinceridad, trae fragancia silvestre y agüita de manantial.

Eres, mujer, la luz que más ilumina en noche plenilunar, estrellita matutina la que quisiera alcanzar, también rocío mañanero y la rosa de mi rosal, la que atenderé por siempre con un cuidado especial.

4 NO TEMAS

Mi amor, no temas, que jamás estarás sola, porque siempre tendrás mi compañía y, aunque no me encuentre a tu lado, mis pensamientos, mi corazón y mi alma estará junto al tuyo para darte confianza, para apoyarte, para que te sientas querida como te lo mereces, porque eres lo más bello, lo más importante; por ello y por cada virtud de las que te hacen mujer, contarás con mi amor. No temas, que yo estaré contigo, y lo sabes. Entonces, cuando te sientas sola, solo tienes que salir y mirar el horizonte, y observarás la misma luna, las mismas estrellas y los mismos luceros que iluminan el cielo azul y majestuoso como majestuosa es tu belleza. En ese mismo instante te darás cuenta de que nuestros corazones estarán unidos por la eternidad.

5 MIS PENSAMIENTOS VAN HACIA TI

Mis pensamientos vuelan hacia ti como vuelta el viento libre por las praderas, que sin temor alguno se dejan llevar impulsados por la espontaneidad del sentimiento. Mis pensamientos van hacia ti con la brisa que peina los palmares, llevando la fragancia pura y genuina de los jardines que visten con su belleza los campos silvestres llenos de flores. Mis pensamientos van hacia ti, como va la mañana al despuntar el día o como llega el sol al atardecer en su ocaso o como llega la noche taciturna sin demora. Mis pensamientos llegarán hacia ti en cada amanecer con la brisa fresca que acaricia tu rostro para darte los buenos días.

6 HARÉ LO QUE ME PEDISTE

I

Te arrancará de mi pecho, mujer querida, ante Dios lo juraré, porque tú ya no me quieres, vidita mía; entonces ya para qué.
Te arrancaré de mi pecho, mujer querida, ante Dios lo juraré, porque tú ya no me quieres, vidita mía; entonces ya para qué.
Tomaste esa decisión, ya me lo hiciste saber, que tu amor ya no es el mío, que no va a retroceder. Me derrumbaste, el castillo ya se echó todo a perder. Pa que no peleemos tanto, dejémonos de una vez.
El juramento que hicimos se tiró dentro el jagüey y los años que vivimos quedaron en el ayer solo por no convencerte de que mi cariño era fiel, si solo a ti yo te amaba, mi encantadora mujer.

II

Haré lo que me pediste; aunque no quiera, de ti yo me alejaré.
Con mi corazón herido y maltratado por tu desprecio, mujer.
Haré lo que me pediste; aunque no quiera, de ti yo me alejaré.
Con mi corazón herido y maltratado por tu desprecio, mujer.
Me dijiste que en la vida yo no te supe querer, si solo a ti te adoraba, de noche y de día también. Mis besos y mis caricias solo eran tuyos, mujer. La culpa fue de los dos, lo tienes que comprender.
Los hijos que Dios nos dio, fruto de amor y placer, los cuidaré mientras viva como la abeja a la miel, dejándome que yo cumpla con mi sagrado deber, enseñándoles el camino hasta mirarlos crecer.

7 RESCATEMOS NUESTRO AMOR

I

Mi amor por ti es como la luna llena, como la noche serena, como amanece en el campo.

Te amo tanto, te quiero mucho y me gusta; que si llegase a perderte, me mataría la nostalgia.

Eres para mí la vida, eres mi flor y mi encanto, eres pedazo de cielo, eres el amor que guardo. Para ti todo, mi reina, la que alivia mis quebrantos.

Nunca me faltes, mi vida, que yo soy tu enamorado. Rescatemos nuestro amor, que mi Dios ha consagrado. Si nos separa la muerte, allá te estaré esperando.

II

Cariño lindo, te prometo, y te lo cumplo, que serás la más feliz al estar entre mis brazos.

Vale la pena pasarme la vida entera disfrutando sin espera cada minuto y segundo.

Es que somos tan iguales, como dos almas gemelas, y tanto que hemos vivido en las malas y en las buenas, y esta pasión que sentimos es un fuego que nos quema.

Conquistémonos de nuevo, como aquella vez primera, pero amándonos bonito, un amor de primavera. Tú serás mi consentida, mi lunita menguantera.

8 POESÍA A MI PROFESORA

Mi querida profesora, esencia de la enseñanza, cuna de la pedagogía, recibe mi serenata para expresar mi gratitud por toda tu constancia, amor y dedicación a los niños de la patria, que con mucho entusiasmo fortalecen tu enseñanza y van llenos de gozo a la prosperidad con un mundo de esperanza, fortalecidos en conocimientos y valores que dan confianza a la sociedad entera, que camina con pie firme al futuro de la bonanza. Maestra, maestra, siempre tendrás mi voto de confianza. Jamás, pero jamás, te olvidaré. Te llevaré guardada en mi alma y, cuando ya sea grande, recordaré tus bellas palabras: estudiar para la vida, aprender para el mañana. Por esto y por mucho más a ti te daré las gracias. Gracias, gracias, maestra.

9 ROMANCE BAJO LA NOCHE

Cuando llega el plenilunio en una noche serena y aquietada, bajo la luz de las estrellas acompañadas por luceros incandescentes del inmenso y majestuoso cielo añil, que embellece el horizonte entre las siluetas de los árboles y las palmeras de esa llanura extendida, que complementan la hermosura natural y silvestre de los campos, que conjugan una orquesta en compañía de los cánticos y murmullos de las aves nocturnas y las luciérnagas que serpentean entre revuelos esquivos y movimientos constantes que se notan bajo la noche de luna clara, que entre el vaivén de una campechana (chinchorro de cuero) con sus colgaderos puestos en el viejo caney de palma, me abrazas y te abrazo con el fulgor que brota de nuestros cuerpos ardientes, y acariciando con suavidad y sutileza tu rostro mientras tus cabellos rozan mi piel, y tus manos discurren sobre mi pecho dejando caer tus mejillas sobre las mías reposando con la ternura del amor que nos une, bella amada mía, dueña de mi corazón y mi alma, hoy, en esta noche de romance que nos permite la ilusión entrelazarnos como se entrelaza un matapalo en palma, así mismo te abrazaré siempre, mi bella amada mía.

10 CARIÑO INFIEL

I

No llores más, corazón, por aquel ingrato amor si él es quien te ha abandonado. No sufras más, corazón, que ante los ojos de Dios tú no eres el que ha pecado.
No llores más, corazón, por aquel ingrato amor si él es quien te abandonado. No sufras más, corazón, que ante los ojos de Dios tú no eres el que ha pecado.

El tiempo será la cura que alivie este desagravio. Para un querer traicionero no queda más que olvidarlo. No voy a morir de amor, si un clavo saca otro clavo.
El tiempo será la cura que alivie este desagravio. Para un querer traicionero no queda más que olvidarlo. No voy a morir de amor, si un clavo saca otro clavo.

II

Pa una pena hay una copa; sírvemela, cantinero, para matá este guayabo. Por ese cariño infiel que ha roto mi corazón dejando un negro guayabo.
Pa una pena hay una copa; sírvemela, cantinero, para matá este guayabo. Por ese cariño infiel que ha roto mi corazón dejando un negro guayabo.

Se encontrará en su destino un camino equivocado, vivirás en la desdicha llorando en el desamparo, pagarás por la traición de un sentimiento burlado.

Se encontrará en su destino un camino equivocado, vivirás en la desdicha llorando en el desamparo, pagarás por la traición de un sentimiento burlado.

11 PAREJA, PUEBLO DE LA ALCARRIA

I

Pareja se llama un pueblo de la Alcarria y su región; provincia es Guadalajara, en pleno suelo español. Pareja es toda su gente con su genio encantador, culto, amable y generoso, honesto y trabajador.
Su paisaje es majestuoso; lo dijo un gran escritor en aquel viaje a la Alcarria en su emotiva impresión, don Camilo José Cela, el ilustre pensador, recibiendo un Premio Nobel, el más justo galardón.
Pareja y sus pedanías, brazas del mismo fogón. Representa su cultura con orgullo a su folclor en sus fiestas patronales con el máximo esplendor por sus calles legendarias siguiendo su tradición.
Antes de llegar al pueblo, un cielo multicolor que adorna sus arreboles ante la puesta de sol y un lago azud imponente que se ve del mirador, los huertos y sus olivos del pueblo y su alrededor.

II

Pareja es toda una villa de incomparable valor, sus riquezas naturales para la recreación. El Camino de Santiago, ruta e peregrinación, hace que el visitante descanse en este rincón.
Sus calles adoquinadas, su fachada y el balcón hacen de la arquitectura una hermosa población, adornada con geranios, clavellinas y el pitón, las adelfas y jazmines mostrando su mejor flor.
Pareja es un patrimonio muy rico por su folclor, es el mismo pasodoble y el mayo hecho canción, tarde de toros y encierros, y el refugio de un pastor, sonido de castañuelas y la leyenda del torreón.
Virgen de Santos Remedios, escucha mi petición, prosperidad pa su gente. Échales la bendición a todos sus moradores, bríndales su protección a Casasana y Tabladillo, Cereceda y mi canción.

12 MI ESPOSA, AMIGA Y AMANTE

I

Para ti, mujer bonita, te compuse este pasaje, rogando nunca me olvides aunque ya no esté mi imagen, pues yo no te olvidaré, te lo juro por mi madre.

Amor como tú ninguna, lo más tierno y agradable, te comparo con las flores de belleza incalculable, quiero ser tu jardinero y con caricias regarte.

Yo soy quien te cuidará desde hoy en adelante con sobradas atenciones, que nada pueda faltarte, pa que florezcan los lirios y nuestro amor sea más grande, cultivando con pasión los besos que pueda darte.

Yo soy quien te cuidará desde hoy en adelante con sobradas atenciones, que nada pueda faltarte, pa que florezcan los lirios y nuestro amor sea más grande, cultivando con pasión los besos que pueda darte.

II

Princesita consentida, mi lunita de menguante, mi estrellita matutina, la que me guía en todas partes, la que sale en el oriente dispuesta pa acompañarme.

Tú serás siempre mi novia, mi esposa, amiga y amante; mi esposa porque un día contigo quise casarme. Mi amiga incondicional, hoy te adoro más que antes.

Te amaré toda la vida, porque yo seré tu amante, quiero beber tu café cada día al levantarme y por las noches que sientas mis manos acariciarte hasta llegar a viejitos y entre mis brazos mimarte.

Te amaré toda la vida, porque yo seré tu amante, quiero beber tu café cada día al levantarme y por las noches que sientas mis manos acariciarte hasta llegar a viejitos y entre mis brazos mimarte.

13 SERENATA PARA MI MADRE

I

Madrecita linda y bella, mi manantial de ternura y mucho amor.
Recibe esta serenata, tesoro hermoso, motivo de mi canción.
Madrecita linda y bella, mi manantial de ternura y mucho amor.
Recibe esta serenata, tesoro hermoso, motivo de mi canción.

Me alegras las mañanitas y alegras mi corazón, eres un canto de
cuna; caricias de cundeamor, arrullos de tardecita cuando ya se
oculta el sol.
Eres refugio de un hijo llorando por un amor, eres ternura y ali-
vio, siempre tendrás la razón. Sin tus consejos, mi madre, no sería
el hombre que soy.

II

Madrecita, te agradezco por ser mi madre y dar de ti lo mejor.
No tengo con qué pagarte, amor de madre, toda tu dedicación.
Madrecita, te agradezco por ser mi madre y dar de ti lo mejor.
No tengo con qué pagarte, amor de madre, toda tu dedicación.

En tu vientre me cargaste, soy el fruto de tu amor. Cuando niño,
me cuidaste como pétalos en flor. Si me enfermaba, tenías la cura
para el dolor.
Sin la madre no hay hogar, sin la madre no hay amor. Nunca me
faltes, mi vieja, quiero sentir tu calor, las caricias de tus manos
dándome tu bendición.

14 LOS RECUERDOS DE MI AYER

I

Allá en aquel rancho *e* palma cuando pequeño fue mucho lo que bregué; por eso traigo recuerdos en mi memoria que jamás olvidaré. Sus pisos bien compactados por tierra firme y de tabla su pared, aquel fogoncito *e* leña donde mi madre se ponía a colar café.

Aquel patio tan inmenso en el que tanto jugué, a veces por la mañana cuando ya me levantaba, mucho antes de las seis, me ponían como tarea que lo tenía que barrer antes de buscar la leña y los becerros recoger.

En cada vuelta *e* camino como errante lo marqué, sabiendo que el tiempo pasa y por muy larga la infancia siempre llega la vejez y los años no perdonan así usted se porte bien; por eso guardé en el cofre los recuerdos de mi ayer.

II

Desde el umbral de mi casa o en el tranquero al llegá el atardecer, contemplando la hermosura de mi llanura y aquel largo terraplén. Que me llevaba hacia el río donde buscaba bastimento pa comer, con toditos mis hermanos, mi madrecita, la que me dio su querer.

Me arrullaba con ternura, y parece que eso fue ayer, en un chinchorrito viejo, donde ella me aconsejaba, antes del anochecer: «Hijo, si un día te caes, te levantas, y vuelve a correr». Por eso para mí fuiste mi madre y padre también.

Estas son las remembranzas que viví en el río Pagüey, los recuerdos más bonitos, que nunca olvido de lo que fue mi niñez, y lo digo con orgullo que, si volviera a nacer, regresaría sin pensarlo por el camino de a pie.

15 DOÑA JUANA

I

Es un pasaje criollito, criollito y bien sabanero; se lo escribí a una mujer, por cierto, la que más quiero. Se ha ganado mi cariño, un cariño verdadero.

Doña Juana, así te llaman por todos sus correderos. Naciste en Maporal, tierra de buenos llaneros, donde se ordeña en totuma y se monta en potro cerrero.

No hay palabras que describan el aprecio que te tengo, se me arruga el corazón al decirte cuánto te quiero. Es amor puro y bonito, majestuoso como el viento.

Doña Juana es mi madrina, doña Juana es un recuerdo, doña Juana fue mi madre, que Dios la tenga en el cielo. Doña Juana es la humildad y sabroso café negro.

II

Doña Juana representa la cultura de su pueblo, la estampa de mujer criolla, la de amor bien hogareño, la totuma y la camaza y el picadillo veguero.

Un joropo, un pasajito, un lirio blanco mayero con el olor a mastranto contrasta mi cancionero. Sí, todo esto es doña Juana: botalón, rejo y sombrero.

Esta es mi serenata, la dejo como un recuerdo, escrita con puño y letra por si me voy y no vuelvo. Un abrazo para ti con mi cariño sincero.

Acompáñame, cuatrico, tú que eres mi compañero, abrazando con la musa de mi verso romancero y un silbío que con el viento te dice cuánto te quiero.

16 QUIERO SENTIRTE

Quisiera sentir tu piel, quisiera sentir tu aroma, cómo se puede percibir la fragancia de las flores en un vergel florecido, sentirte tan cerca, sentirte tan mía, mirar tus ojos a cada momento como vemos y esperamos con ansiedad el amanecer de cada día. Del mismo modo espero con ansiedad apasionada que llegue la noche para sentirte mía como se siente la brisa pasajera que acaricia nuestros rostros despertando la sensación más fresca y de querer vivir en felicidad sintiéndonos amados.

17 COPLA A MI LLANURA

Con la musa relancina y mi copla soñolienta, que me inspiró la llanura, llanura que tanto quiero, sabanas y matorrales, calcetas, bancos y esteros.

Un horizonte infinito, se ven volando garceros, que decoran los palmares, llanura de mis recuerdos, aquella misma llanura que vio nacer un llanero cien por ciento zamorano con estirpe de guerrero.

En aquel paño e sabana divisando hacia lo lejos, se ven volar la cotúa, el aruco y el jilguero, la garcita y la morena, y el alcaraván playero, y en la horqueta de un guayabo anidó el cucarachero.

Es de un horizonte amplio, palmares, sabana y cielo, donde la vista no alcanza atravesar sus linderos. Solo se ve lejanía belleza en sus esteros, que sirven como un espejo al paisaje sabanero con arreboles que surcan la lontananza de sus cielos.

La llanura es tan bonita que la arrullan los mochuelos; le cantan las paraulatas, cardenales y azulejos. La vaca con su ternero va pastando en el potrero y un llanero en su caballo entona su cancionero.

«Que viva el llano, cuñao» es la expresión del llanero. La quiere como a su madre, pues nació y creció en su suelo. Llanura que me has parío, no sabes cuánto te quiero. Si algún día me marchara, te juro que pronto vuelvo.

A darte mis serenatas como es costumbre de hacerlo, al pie de la camoruca con un joropo rialengo, alegrando corazones y trasnochando luceros, inspirado en sus paisajes en un amor y un «te quiero», y que nunca falte una copla en los labios de un llanero.

18 LA PENA DEL POETA

I

El poeta ya no escribe, el poeta ya no canta, tiene el corazón herido, guarda una pena en el alma.

La musa está entristecida, la melodía no le cuadra, la pluma no tiene tinta, el papel se le desgarra.

Desgarrao está el corazón, comprimida tiene el alma, carga una pena moral que cada día se agiganta. Su pecho no aguanta más, su vida no vale nada. El cielo se oscureció, pues ha muerto su esperanza.

Se derrumbó aquel castillo, se ha caído la muralla. El que lo había construido en un campo con guirnaldas, jazmines y tulipanes, y empedrado de confianza lo arrasó aquel torbellino, dejando penas amargas.

II

Cuánto lamento en su pecho, cuánto dolor él aguanta, deprimido el sentimiento, maltratada tiene el alma.

Por culpa de los errores, su moral fue destrozada. Navegando en la tristeza, su hombría fue amancillada.

Amancillao por desprecio de un querer que le difama, ante aquel mundo indolente de vivir no tiene ganas. La sociedad no es su mundo, le ha cambiado la semblanza, no hay amanecer radiante que devuelva su confianza.

La pena aquí de un poeta que perdió sus remembranzas, el camino se borró, no ha encontrado la bonanza ni el destello de una luz que a lo lejos no alcanza. Se fue su último suspiro traspasao por una lanza.

19 HERMOSA FLOR DE CAYENA

I

Hermosa flor de cayena, la que encontré en mi jardín florecido, la riego todos los días para que crezca y brille con el rocío.

La fragancia de sus pétalos es para mí como corriente del río, que me arrastra a su caudal y en su remanso hay un pozo de cariño.

Te comparo con las flores de mi jardín florecido, preciosa mujer bonita. De ti quiero tus suspiros, un beso y una caricia para no morir de olvido.

Te comparo con las flores de mi jardín florecido, preciosa mujer bonita. De ti quiero tus suspiros, un beso y una caricia para no morir de olvido.

II

Mujer, eres un encanto, mi bella diosa de ojos tiernos encendidos; sus mejillas, rosaditas, cautivadoras con sus labios purpurino.

De todas la más hermosa, es tan sensual, vivo a diario en un delirio, su cabellera sedosa, y en el vaivén juega el viento matutino.

Si me aceptas, cariñosa, serás mi amor consentido, te llevaré hasta mi fundo en mi alazano frontino. Con esta luna clarita, mis brazos serán tu abrigo.

Si me aceptas, cariñosa, serás mi amor consentido, te llevaré hasta mi fundo en mi alazano frontino. Con esta luna clarita, mis brazos serán tu abrigo.

20 BARRANCAS DEL RÍO CAPARO

Barranca del río Caparo, del río Caparo, te quedaste sucumbío, enterrado por sus aguas; de su caudal, ya casi están en el olvido las corrientes y el remanso y aquel guamal florecido.
Barranca, vieja barranca del río Caparo, te quedaste sucumbío, enterrado por sus aguas; de su caudal, ya casi están en el olvido las corrientes y el remanso y aquel guamal florecido.

El yagrumo con la ceiba y el guarataro sombrío, el caruto y el bambú se encuentran muy afligidos, el camino ganadero también siente su vacío porque no mira pasar las manadas de novillos.
El canoero en el paso lamenta con gran hastío porque partió la palanca y remontar no ha podío, mirando bajar la espuma de ese caudaloso río, divisando por la tarde las gaviotas y el pionío.

II

Barrancas del río Caparo, cómo olvidarte, si allí es donde yo he nacido; también me salieron callos de trabajar. Cómo no está agradecido, si me diste el bastimento y el techo donde he crecido.
Barrancas del río Caparo, cómo olvidarte, si allí es donde yo he nacido; también me salieron callos de trabajar. Cómo no está agradecido, si me diste el bastimento y el techo donde he crecido.

Recuerdos de aquellos tiempos, pescando muy divertío, ajilando palometa, caribe, bagre y tonino, el coporo y el pavón de la barranca del río, tenía el pesquero sebao y asegurado el avío.
Debajo de un caramero tengo el anzuelo tendío y en la solapa del caño hay un chigüire metío. En las copas del cambi le escuché ayer su cantío a San Martín pescador, guajeando el pez que yo ansío.

21 COMPARACIÓN EXCELSA

Una noche de plenilunio, un jardín florecido con la más abundante variedad de flores existentes, una estrella fugaz y un mismo arrebol en un atardecer colorido con sus pinceladas en el majestuoso cielo aún no compensan la comparación excelsa de tu hermosura, mujer.

Mujer, con tu delicadeza, con la gracia de tus virtudes, haces del mundo un paraíso terrenal. Mujer tan sutil como los pétalos de una rosa cuya delicadeza y generosidad hacen que el más valiente se ponga a tus pies.

Mujer, eres tan agradable que no se puede hacer más que adorarte en lo más profundo de nuestros corazones y tan agradable es sentir tu compañía; como es agradable sentir la brisa fresca que acaricia la piel en la mañana y que a su vez peina tu cabellera, lisa y tan larga que se nos van los ojos poseídos por tal encanto.

Mujer, eres tan radiante y tan impresionante como la misma aurora boreal que se va desvaneciendo con la proximidad del día; pero tu belleza y tu encanto jamás se desvanecerán porque eres inmensamente bella de espíritu, mente y pensamiento, que ni el tiempo ni los años lo cambiarán.

22 CANTO A LAS AVES

I

Un canto de alcaraván se escucha en el morichal de mi llanura bonita y a lo lejos en el palmar también se le oye el trinar al sauce con la chusmita.

El ruiseñor y un turpial como el ave nacional, su canto te identifica. Eres símbolo silvestre de mi patria, Venezuela, y de la llanura infinita. En el horizonte abierto, se ven volar las garcitas bajo el cielo azul celeste, al llegar la tardecita, bandadas de corocoras, pato real y zamuritas.

En el horizonte abierto, se ven volar las garcitas, bajo el cielo azul llanero, al llegar la tardecita, bandadas de corocoras, pato real y zamuritas.

II

Un tordito y la matraca, la gaviota y la morena se ven volando agua arriba; un carrao y el jilguero y el gallito lagunero, ansiosos por la llovizna.

Canta, canta, paraulata, compañera del camino, y el cristofué que me inspira, también de la chiricoca, gabán y cucarachero, chenchena, aguaitacamino.

En las copas de un samán, con el alba tempranita, revoloteando un cubiro y un chiriguare lo incita; lo acompañan guacharacas, cardenales y pavitas.

En las copas de un samán, con el alba tempranita, revoloteando un cubiro y un chiriguare lo incita; lo acompañan guacharacas, cardenales y pavitas.

23 MI VERANITO DE AGOSTO

I

Te quiero tanto, mi vida, como la luna y el sol; eres mi único tesoro. Eres la más tierna flor, la que alegra mis mañanas al besar tus labios rojos.

Te quiero tanto, mi vida, como la luna y el sol; eres mi único tesoro. Eres la más tierna flor, la que alegra mis mañanas al besar tus labios rojos.

La fragancia de tu piel despierta en mí los antojos de tenerte, de besarte, acariciando tu rostro, apretándote en mi pecho. Mi veranito de agosto, dale rienda a esta pasión, lo están pidiendo tus ojos.

La fragancia de tu piel despierta en mí los antojos de tenerte, de besarte, acariciando tu rostro, apretándote en mi pecho. Mi veranito de agosto, dale rienda a esta pasión, lo están pidiendo tus ojos.

II

Muchacha de ojazos tiernos, de sonrisa encantadora, tú sabes cuánto te quiero. La sutileza en tu piel y el perfil de tu mirada son mi pedazo de cielo.

Muchacha de ojazos tiernos, de sonrisa encantadora, tú sabes cuánto te quiero. La sutileza en tu piel y el perfil de tu mirada son mi pedazo de cielo.

Te quiero como la luna, que ama tanto a los luceros igual como la mañana quiere al rocío mañanero o el cielo a sus arreboles y el boral a los esteros y las corrientes del río al paso del canoero.

Te quiero como la luna, que ama tanto a los luceros igual como la mañana quiere al rocío mañanero o el cielo a sus arreboles y el boral a los esteros y las corrientes del río al paso del canoero.

24 UNA POESÍA ENAMORADA

El amanecer brilla para todos, como brillan tus ojos radiantes de juventud, lo que motiva a mi prosa a escribir los poemas más románticos y joviales, recorriendo lo maravilloso y versátil de la poesía, pues poesía es lo que inspiras al mirarte llena de vida y encantos; tales encantos me envuelven en un poema enamorado que no es más que la ilusión misma de llegar a tu corazón de la manera más humilde, pero con la sinceridad más pura, tan pura como el agua, esa agua fresca que baja del arroyo, impregnado de emociones y sentimientos, acompañados de sueños para vivir en una poesía enamorada.

25 CAMPESINITA

I

Campesina, campesina, campesina de mi amor, regálame tu cariño, escucha mi petición.

Arroyito de agua dulce, refresca ya mi pudor; solecito mañanero, bríndame tu resplandor.

Déjame entrar a tu huerto, que soy un buen labrador. Campesinita de ensueño, eres la más bella flor, lirio blanco sabanero de mi llano encantador.

Déjame entrar a tu huerto, que soy un buen labrador. Campesinita de ensueño, eres la más bella flor, lirio blanco sabanero de mi llano encantador.

II

La belleza de tu encanto para mí es como el timón de mi barca taciturna que marca tu dirección.

Claro que sí, vida mía, acéptame como soy. Yo seré tu marinero anclado en tu corazón.

Serás tú la capitana mientras yo voy de patrón. La brújula en ese rumbo nos lleva a un puerto mejor, deshojando aquellos pétalos entre tu amor y mi amor.

Serás tú la capitana mientras yo voy de patrón. La brújula en ese rumbo nos lleva a un puerto mejor, deshojando aquellos pétalos entre tu amor y mi amor.

26 OSO SE LLAMÓ MI PERRO

I

Oso se llamó mi perro color rojizo araguato. Cuántas hazañas vivimos y cuántos recuerdos gratos, mi amigo y fiel compañero centinela, allá en mi rancho.

Oso se llamó mi perro color rojizo araguato. Cuántas hazañas vivimos y cuántos recuerdos gratos, mi amigo y fiel compañero centinela, allá en mi rancho.

Cuántas veces anduvimos por los caminos del llano, cuántas veces levantaste a esos ganaos orejanos y en tiempos de vaquerías al paso de mi caballo sacaste las mañoseras y esos novillos marantos.

En el monte eras pantera, sigiloso por el paso, seguro en la tarascá, no se le perdía un buen rastro de chigüire, de venao, de lapa, chácharo y danto, y hasta la cuenta perdí de todos los cachicamos.

II

Tengo el alma adolorida y en mi pecho hay un quebranto. Mi perro se me murió tempranito un Viernes Santo, causante la enfermedad y agobiado por los años.

Tengo el alma adolorida y en mi pecho hay un quebranto. Mi perro se me murió tempranito un Viernes Santo, causante la enfermedad y agobiado por los años.

Ya no escucharé en las noches sus ladridos en el patio porque él era santo y seña por si entraba algún extraño. Guardián de mis pertenencias, me has dejado solitario. Te recordaré por siempre, eso puedo asegurarlo.

El día en que se murió, palabra que solté, el llanto. En compañía de mis hijos lo cargamos en los brazos, con piedra le hice una tumba debajo de un guarataro, allá quedaron sus restos en las orillas del caño.

27 YO SOY LA LLANURA MISMA

I

Soy yo la palma y el río, el estero y la laguna, soy sabana verdecita cuando ya le entran las lluvias, soy una punta *e* ganao cayendo de una por una al paso real ganadero, soy el rejo y la totuma.

Soy yo la palma y el río, el estero y la laguna, soy sabana verdecita cuando ya le entran las lluvias, soy una punta *e* ganao cayendo de una por una al paso real ganadero, soy el rejo y la totuma.

Soy la llanura infinita cuando el invierno la inunda, la sabana parejita que el horizonte desnuda, cielo, palma y arreboles de todo el llano y su anchura.

Soy el canto del carrao en la noche taciturna. El vuelo de garzas blancas que en el cielo se entrecruzan forma la policromía del llano con su hermosura.

II

Yo soy la llanura misma, pues la llevo entre mis venas, sus costumbres y vivencias, sus mitos y sus leyendas, los saberes ancestrales los del tiempo de mi abuela, si en todo lo que aprendí el llano ha sido mi escuela.

Yo soy la llanura misma, pues la llevo entre mis venas, sus costumbres y vivencias, sus mitos y sus leyendas, los saberes ancestrales los del tiempo de mi abuela, si en todo lo que aprendí el llano ha sido mi escuela.

Cargo en mis pies el camino, tropel de cimarronera, la jamuga de mi buey, la taraba y parihuela, la marota y la falseta, espinos y tolvaneras.

Mi verso huele a mastranto, a carne seca y quesera; trae cantos de tautacos, de turpiales y chenchenas, el relincho de un potranco retozando con sus yeguas.

28 FALSA DE ALMA NEGRA

I

Vivo con un sufrimiento; oye, mi vida: por culpa de tu traición tienes blanquita la piel, cariño ingrato; pero negro el corazón.

No sé cuál es el motivo, vidita mía, ni cuál sería la razón de tu mal comportamiento, que sin piedad destruiste un gran amor.

Eres como noche oscura, llevas a la perdición por un camino sin rumbo donde no habrá solución. Eres falsa y de alma negra no mereces mi perdón.

Eres como noche oscura, llevas a la perdición por un camino sin rumbo donde no habrá solución. Eres falsa y de alma negra, no mereces mi perdón.

II

Un día tarde o temprano te darás cuenta que has cometido un gran error, abandonaste tu hogar por otro hombre, dejando tu obligación.

Hoy me ves como un extraño, sin darte cuenta del gran hombre que yo soy. Te regalé mi cariño, un amor fiel, mi confianza y comprensión.

Pero no valió la pena, mataste toda ilusión, caprichosa, traicionera. Tú no tienes corazón, estás vacía por dentro, eres una decepción.

Pero no valió la pena, mataste toda ilusión, caprichosa, traicionera. Tú no tienes corazón, estás vacía por dentro, eres una decepción.

29 PADRE MÍO

¡Oh, padre!, padre mío, tú que eres mi ejemplo, tú que eres mi guía, el que se sacrifica por su hijo, por la educación, por darle lo mejor de la vida. Me enseñaste los valores, valores que hoy son la esencia de mi ser. Tú que te esforzaste para darme la mejor calidad de vida, esa vida que trajo a mi ser la ilusión de soñar viéndote cada día como el hombre luchador por lograr sus propósitos por el trabajo para compensarnos cada día con armonía, seguridad para llevar los alimentos a nuestro hogar. Cuántas veces te vi llegar cansado, pero nunca te faltó una sonrisa para tu hijo al llegar a casa.

Tú, padre, al que nunca le faltó una palabra de aliento para decirme «¡hijo mío!, avanza con pie firme, y cada vez que caigas, te levantas con más seguridad porque cada caída será un aprendizaje».

Padre, gracias por ser mi fortaleza; padre mío, gracias por ser mi protector; pero gracias por enseñarme el camino del bien, el camino correcto, el camino del trabajo, el camino del respeto, el camino de la bondad, el del esfuerzo, el de la solidaridad y el de la honestidad. Padre, mi mejor escuela ha sido ser tu hijo y mi mejor título ha sido la humildad que he heredado de ti. ¡Oh, padre, ayer fui un niño! Hoy soy un adulto, pero mañana seré tu reflejo y orgulloso de ser tu hijo.

30 MI CABALLO EL SERENATERO

I

Caballo de mis andanzas mansito y pasitrotero, cuántas veces anduvimos bajo la luz de un lucero.

Remontamos río crecío y enlazamos cachaleros, castaño oscuro frontino, ligerito como el viento.

No te paraban el alambre, los falsos ni los tranqueros para buscar a su yegua pastando allá en los potreros. Se ponía alebrestao con un forrío camorrero.

Eras de mecha rebelde pa envarillá si eras bueno. Por delante no se le iba ningún caballo frenero, entre zarpazo y galope dejaba el contrario lejos.

II

Mi caballo se murió, lo conseguí en el potrero, tirao en plena sabana, no llegó ni al paradero.

Recuerdo con gran nostalgia, era pa entradas de invierno allá en el fundito mío; en él quedaron sus restos.

Tanto me dolió su muerte. Mi amigo el serenatero lo silbaba y se venía retozando al talanquero, relinchaba y escarbaba igual que un potro cerrero.

Caballo noble y valiente, te guardaré en mis recuerdos. Las hazañas que vivimos no las borrará ni el tiempo. Así tenga cien caballos, tú siempre serás primero.

31 NO HAY LLANO COMO MI LLANO

I

Mi llano, lo más bonito de todito el universo; cuando él está florecido, mi llano es un monumento.

Mi llano, lo más bonito de todito el universo; cuando él está florecido, mi llano es un monumento.

Canta el gallo, late el perro, brama la vaca en la puerta, relincha un potro cerrero y un burro que se revuelca, pita un toro en la llanura porque el rebaño está cerca y un cochino en el chiquero se engorda pa la manteca.

Canta un carrao en la mata, la macana le hace fiesta, el chiriguare aletea porque el cubiro le acecha y el alcaraván rayao anida en sabana abierta; también el pájaro vaco vuela y la garza paleta.

II

No hay llano como mi llano, ni tierra como mi tierra, donde abunda la chicharra, el zancudo y la angoleta.

No hay llano como mi tierra, como mi tierra, donde abundan la chicharra, el zancudo y la angoleta.

Mira cómo está el sol bravo y la tierra tan reseca. Ya en abril se va el verano y en mayo el invierno llega; reverdecen la sabana, el mastranto y la lanceta; florea el campanillal; se engordan el ganao y la bestia.

Un venao caramerú lo mire que dio la vuelta en compañía de una locha entre el banco y la calceta, y un cachicamo asutao escarbando está en la cueva y el chigüire con la lapa en la solapa revienta.

32 DIVINA OBSESIÓN

I

Si tú no estás, pues me siento a la deriva como curiara sin remo navegando hacia la orilla.

Dame tu amor pa no morir de dolor, solo tú tienes la cura pa calmar mi sufrimiento.

Desde que te conocí, siempre estás dentro de mí, vives en mis pensamientos, eres divina obsesión, te llevo en mi corazón dormido igual que despierto.

Tengo un retrato de ti del más bonito perfil. Perdona mi atrevimiento, ojos tiernos picarones, radiantes y cimarrones vuelan libres como el viento.

II

Si no te veo, para mí no hay alegría; solo tristeza y dolor, penas y melancolías.

Amor querido, entrégame tu cariño, que sin ti ya no es lo mismo; si me faltas, moriría.

Alójame en tu querer, así en cada amanecer de amarte estaré sediento despertando la pasión y una lluvia de ilusión que crece en el firmamento.

Quiero ser tu prisionero, espósame allá en tu edén, castígame con tus besos, condéname hasta morir atado a tu corazón tras las rejas de tu cuerpo.

33 CORRÍO DE DOÑA BÁRBARA

Aaah… Voy a contar un corrío y no crean que esto es un mito. La leyenda e doña Bárbara, según se encuentran escritos, en la pluma de Gallegos cruzando el llano infinito. Así comienzo el relato de aquel suceso maldito, a bordo de una piragua de temerarios proscritos sirviendo de cocinera estaba en ese recinto. La radiante Barbarita con su carácter mestizo, inocente del siniestro, que traía su veredicto. En el gran río Orinoco cometen el cruel delito el capitán del navío, aniquila a un jovencito por tener un amorío y que ponía en peligro a la joven quinceañera, que tenía su amor bonito. Así mata su ilusión sin temor a Jesucristo y se envuelve una tragedia, el motín más inaudito: brutal, salvaje y feroz, barbarie que no se ha visto, matando así al capitán en hecho caso fortuito. Ultrajando a la muchacha, fue violada entre los cinco, sanguinarios tripulantes. Desgarrando sus vestidos, le arrancaron su inocencia. Ya no es blanca, es vino tinto. Raptada en aquella selva, escucha y oye su instinto. Escapando por senderos, huyendo de esos vestigios, cruza montes y riachuelos hasta que llega a la tribu, donde aprende los rituales de lo más desconocido. Su belleza incomparable alebresta a los nativos, así que se ve obligada abrirse nuevos caminos, como una mujer errante buscando un mejor destino en la ribera araucana, formando así un torbellino por todo el estado Apure, donde el llanero es genuino.

II

Aaah… A bordo de una curiara con la brisa matutina y el pujío del bramador, anunciando la visita de la misma doña Bárbara, que en estas tierras habita con un deseo de venganza que a su corazón marchita; atracando el fuera *e* borda por el Arauca agua arriba. Allí conoce a Barquero, el de las tierras más ricas. Comienza unos amoríos con esa falsa conquista, del fruto nace una niña, la que no quiere a su vista, la pequeña Marisela, creciendo allá en la Chusmita en compañía de su padre; así salió a jovencita, escondía entre matorrales, la cuidaba Juan Primito. De aquí pa adelante la doña se apropia de los registros. Al hato la Barquereña le cambia su denominio, la refunda como el Miedo pa obtener sus beneficios, valiéndose de artimañas, sobornos y otras malicias. La palabra de la doña era palabra cumplida hasta que llegó Luzardo pa revolverle la vida, despertando la pasión de aquella hoguera encendida. Ella culpa a su pasado por no dejarla tranquila, enfrentadas por amor la propia madre y su hija. Así que Santos Luzardo con la relación termina donde había oscuridad, soberbia y tanta mentira. La doña perdió la rienda, Melquiades así lo decía; también la vieja Eustaquia a su vez se lo advertía. Quiso matarla y no pudo, su conciencia le impedía. En los brazos de Luzardo la supo bien protegida. Juan Primito en sus visiones ve la batalla perdía. Pajarote y María Nieves presienten que está vencía, testigo fue la sabana cuando desaparecía.

34 AMOR PROHIBIDO

Un amor entre las sombras es un querer escondido; por mucho que uno lo quiera, siempre estará prohibido.

Así el mundo me delate o me torturen, cariño, no dejaré de buscarte pa sentir lo que sentimos.

Es como un río revuelto desbordado de cariño, que me ahoga en tu pasión, quitándome hasta el sentido. Mi piel con tu piel se junta para formar nuestro idilio.

Si es un pecado quererte, que Dios me dé su castigo, me declaro pecador. Amorcito consentido, encadéname a tu amor, quiero morirme contigo.

II

El día en que te conocí, volví de nuevo a la vida porque me diste un motivo, el de quererte a escondidas.

Yo no sé si es un pecado, pero por ti pecaría una, dos y hasta mil veces, amorcito de mi vida.

Soy esclavo de tus besos, jamás te lo negaría, y en la prisión de tu pecho con cárcel lo pagaría el tocar tu corazón juntando tu alma y la mía.

Me enloquecen tu mirada y el cristal de tus pupilas, la dulzura de tus labios y esa pasión encendida con el fulgor de tu cuerpo y esa llama prohibida.

35 PATRONA DE VENEZUELA (VIRGEN DE COROMOTO)

I

Venezuela es un país cien por ciento religioso, desde la cúspide andina hasta el llano primoroso.

Creemos en un Dios divino; en ti, Señor poderoso, y en la santísima Virgen, Virgen de la Coromoto.

Patrona de Venezuela de nosotros los devotos, te apareciste en caminos del cacique Coromoto, en las aguas cristalinas de aquel caño corrientoso, entre montaña y praderas del Guanare majestuoso.

El cacique y su mujer relataron el esbozo a la tribu de los Cospe del hecho maravilloso, el encanto *e* la señora y aquel don tan prodigioso, radiante cual hermosura de la Virgen y el rebozo.

II

Según lo cuenta la historia y se oye de boca en boca, de tantas apariciones a la Virgen ya la invocan.

Fueron miles los milagros concebidos como rosas y las súplicas cumplidas de esperanzas muy frondosas.

Eres reina protectora, su majestad muy grandiosa, guía mi generación tú, que eres tan bondadosa; salva las almas perdidas y mentes pecaminosas, dale la mano al caído, oh, mi señora gloriosa.

Virgen de la Coromoto, corazón de mi parroquia, fuente de mi inspiración, del credo tú eres la prosa. Ruego por la paz del mundo a ti, mi santa piadosa. Cobíjame con tu manto, Virgencita generosa.

36 REFLEXIONES DE UN ANCIANO

I

Cuando uno ya llega a anciano, sí reflexiona, pensando en la soledad, metido en un laberinto sin la salida porque lo venció la edad. Cuando uno ya llega a anciano, sí reflexiona, pensando en la soledad, metido en un laberinto sin la salida porque lo venció la edad. Es triste contar los días cuando se acerca el final. Cuando ya se llega a anciano, solo queda recordar sus hazañas y aventuras en tiempo de mocedad, pero son solo recuerdos que ya quedaron atrás.
Pero más triste es saber que ya no puedes andar porque te falta la fuerza en cada paso que das y se agarra a su bastón para poderse apoyar, la voz ya pierde su tono y la vista en la oscuridad.

II

Mañana cuando sea anciano, en el camino me sentaré a recordar cuando yo era un muchacho, bien apreciado y bueno pa trabajar. Mañana cuando sea anciano, en el camino me sentaré a recordar cuando yo era un muchacho, bien apreciado y bueno pa trabajar. Fui jinete amansador, violento dentro un corral, seguro con la marota cuando iba a cachilapear. También yo fui conuquero, un jornalero y mensual en los fundos, y en los hatos llegué a ser un caporal.
Las vueltas que da la vida nadie las puede contar. Hijo, no abandone al padre, que él luchó sin descansar, y hoy, que se encuentra viejo, sentiría felicidad por que lo cuides en casa y con sus nietos jugar.

37 MAESTRO DE TODO EL TIEMPO

Agradecido con Dios y la sabia naturaleza por darle tanta bondad, amor, ternura y paciencia al maestro cada día que al estudiante le enseña la realidad de la vida con diferentes facetas.

A ustedes, mis profesores, Dios dará la recompensa por dedicarle su tiempo, enseñando con grandeza, al niño que se hará hombre, formando así su riqueza en saber y convivir en un país que progresa.

Maestro no es todo el mundo: maestro es aquel que enseña; maestro es el que se forma, investiga y lideraza; maestro, el conocedor de la sociedad y la ciencia, dador de conocimientos para moldear la conciencia; maestro de todo el tiempo curtido de fortaleza.

Maestro no es todo el mundo; maestro es aquel que enseña; maestro es el que se forma, investiga y lideraza; maestro, el conocedor de la sociedad y la ciencia, dador de conocimientos para moldear la conciencia; maestro de todo el tiempo curtido de fortaleza.

II

Con voz y tino seguro, retórica y elocuencia, dedico esta serenata al maestro allá en la escuela, que lucha con paso firme y educa con eficiencia. Hasta en la adversidad tendrá su mejor respuesta. Valoremos al docente, que del saber es la esencia. Si en su mano está el futuro de todo nuestro planeta, se merece un pedestal. No al maltrato ni la ofensa, que valga bien su derecho plasmado en la ley suprema.

Honremos su gran labor digna de tantas proezas. Si él siempre está dispuesto, es la guía que nos orienta después del padre y la madre. Un maestro representa a nuestro segundo hogar, forjando así las flaquezas. Planta un árbol de cariño pa recoger la cosecha.

Honremos su gran labor, digna de tantas proezas. Si él siempre está dispuesto, es la guía que nos orienta después del padre y la madre. Un maestro representa a nuestro segundo hogar, forjando así las flaquezas. Planta un árbol de cariño pa recoger la cosecha.

38 MI REFLEXIÓN

I

Viene saliendo la luna, el sol ya se está ocultando y los pájaros del monte se oyen felices cantando.
Cantar como canto yo, con el verso dibujando la hermosura de mi tierra, por eso la voy pintando.
(Bis)
Con el pincel como pluma de un poeta inspirado, es como la flor silvestre o un par de enamorados; lo iluminan los luceros bajo un cielo encantado.
Imagina un sol naciente, un atardecer dorado, las corocoras del río, un pozo azul en verano, potreros reverdecidos y el agua fresca del caño.

II

Los caminos de la vida día a día van enseñando al errante que tropieza para ir reflexionando.
Así es como pienso yo de los momentos pasan, con el transcurrir del tiempo que traen altos y bajos.
(Bis)
Son tantas las emociones por las que yo he trajinao, sin saber que en el camino hay un destino marcao. Que no muera la esperanza ni la flor que sea sembrao.
No existe nadie en el mundo el que no haya probao, sin sabores de la vida o un castillo iluminao, con todas sus ilusiones de mil sueños cultivados.

39 LA VIDA ES UNA CANCIÓN

I

Nacer, crecer y morir, principios de la existencia. La vida, más que un regalo, es la obra más perfecta de la creación del mundo y la sabia naturaleza.

Nacer, crecer y morir principios de la existencia. La vida, más que un regalo, es la obra más perfecta de la creación del mundo y la sabia naturaleza.

El sentido de la vida nos motiva o nos doblega, de acuerdo a nuestras acciones tendremos la recompensa. Sembrando amor y ternura recogerás la cosecha.

Valora la vida, hombre, que es bonita sin ofensa. Cada quien vive lo suyo defendiendo lo que piensa. Para mí es una canción, la vida no tiene vuelta.

II

Lo valioso de la vida hay que verla con grandeza. Cada cabeza es un mundo y está lleno de sorpresas, unas buenas y otras malas; acéptalas como vengan.

Lo valioso de la vida hay que verla con grandeza. Cada cabeza es un mundo y está lleno de sorpresas, unas buenas y otras malas; acéptalas como vengan

La vida nos pertenece, el derecho a la existencia es la voluntad divina; lo determinan la ciencia, amar, querer y sentir. No hay mal que por bien no venga.

La vida es una solita y un camino a la experiencia. No dejes para mañana lo que en tu corazón sienta, viviendo cada minuto con alegría y con prudencia.

40 POEMA PARA MI ESPOSA

Mi vida, quisiera poner tantas palabras hermosas, pero no me entrarían en todo un libro, el libro más importante de mi vida, el libro que hemos escrito juntos; y en cada página y en cada frase solo hay espacio para los buenos momentos y para los detalles más significativos que tú le has brindado a mi corazón; sin embargo, lo más hermoso que puedo decir es que tú eres eso y mucho más, más de lo que pueda plasmar en un trozo de papel. Pues son tantas páginas que hemos llenado como se llena el caudal de un río inmenso que con sus turbulentas aguas en momentos inesperados también llega la quietud en su remanso. Entonces resumo que eres la felicidad que llena mi vida de gozo, que eres lo más bello, eres mi motivo, mi inspiración y mi tesoro más valioso, tan valioso como la vida misma, la que compartiré por los siglos venideros. Te amo, te amo hasta la eternidad.

41 CASITA VIEJA DE PALMA

I

Casita vieja de palma con horcones de laurel y paredes de bareque. Con vigas de palo de agua, costillas de canelón y madroño el caballete.

Casita vieja de palma con horcones de laurel y paredes de bareque. Con vigas de palo de agua, costillas de canelón y madroño el caballete.

Todita en palma pisá y una cola *e* pato en el frente, de donde se ve el camino por donde pasa la gente y mi viejita contenta, sentada en un taburete.

En él transcurrió mi infancia por los llanos de occidente Santa Bárbara *e* Barinas. Te recordaré por siempre. Si te llevo aquí en mi pecho, pueblito noble y valiente.

II

Rancho viejo sabanero con piso de tierra firme, criollito es todo tu ambiente.

Por la culata sale humo y un olorcito a café recién colao y caliente.

Rancho viejo sabanero con piso de tierra firme, criollito es todo tu ambiente.

Por la culata sale humo y un olorcito a café recién colao y caliente.

Colgando está el garabato con aperos de un jinete y en la viga los tirantes pa un chinchorro que le ofrece al buen llanero descanso, que trabaja diariamente.

En un rincón, el pilón y aun costao el palenque; al otro lado, el Jagüey con la tinaja de siempre, la vieja caballeriza, pues los guardo aquí en mi mente.

42 ME ESTÁ MATANDO TU AUSENCIA

I

Dejá el trino lamentao, carraíto en esa horqueta. Mira que mi corazón ya lo mata la tristeza de tanto sufrir la pena de un amor que no regresa.
Dejá el trino lamentao, carraíto en esa horqueta. Mira que mi corazón ya lo mata la tristeza de tanto sufrir la pena de un amor que no regresa.
Y yo solo en este fundo sentao en esta silleta, con la vista hacia el camino por si un día se da la vuelta, aquí seguiré esperando, aunque el guayabo me aprieta, entonando este pasaje para evadir mi tristeza.
Se fue sin decir adiós por esa sabana abierta, dejando un crudo dolor que me agobia y me atormenta. Seguro voy a morir con un dolor de cabeza. Regresa, mujer querida, me está matando tu ausencia.

II

Paraulata mensajera, tú que cantas cuando vuelas, llévale el mensaje mío a esa ingrata traicionera que ha dejado mi cariño como el pavo *e* la rubiera.
Paraulata mensajera, tú que cantas cuando vuelas, llévale el mensaje mío a esa ingrata traicionera que ha dejado mi cariño como el pavo *e* la rubiera.
Desde el día en que te marchaste, quedó marcada tu huella por el camino sombrío, y en cada horcón de la cerca, en el patio y

la cocina miro tu imagen completa; es tanto que por las noches duermo con tu camiseta.

Chicharrita veranera, tu canto más me atormenta, mi caballo en el corral relinchando por su yegua y yo sufriendo por ti, arrastrando esta cadena, vuelve pronto a tu casita, las puertas están abiertas.

43 ERES MI DUEÑA Y SEÑORA

I

No digas que no te quiero, mujer bonita, por demás de encantadora como el lirio sabanero, bella como la gladiola, mujer de rostro risueño, tus cabelleras te adornan.
Tus ojos son dos luceros, cariño lindo, tus besos más me enamoran, tu sonrisa me cautiva, tu figura me apasiona. Me gusta todo de ti, de los pies a la corona.

Solo un deseo en la vida con toda el alma, le pido a mi protectora, santa Bárbara bendita: tú, que eres buena, concédeme, mi patrona.
Quiero ser su compañero eternamente y que ella sea mi señora para que viva conmigo en mi ranchito rodeado de flor de bora.

II

Escucha mi serenata, amada mía, bajo esta sombra de mora. Te traigo flores silvestres con cantos de la soisola, turpiales y paraulatas y vuelos de corocoras.
Eres todo para mí, nunca me faltes, muchachita soñadora. Mi corazón en tus manos, yo soy el que más te adora, mi vida será la tuya, eres mi dueña y señora.
No te ofrezco las estrellas, tampoco el sol ni la luna encantadora, porque eso sería mentirte, mi bella dama, cuerpecito de bandola.
Vamos juntos de la mano, amor querido, antes que caiga la aurora pa prosperar en el fundo, donde estaremos hasta la última hora.

44 AMOR CONSENTIDO

Llevo tu nombre en mi mente, tus labios junto a los míos; besarlos cada mañana de noche y de madrugada antes que caiga el rocío. Tu imagen de flor radiante me tienes adormecío, es que de tanto quererte ya tengo el pecho partío.
Llevo tu nombre en mi mente, tus labios junto a los míos; besarlos cada mañana de noche y de madrugada antes que caiga el rocío. Tu imagen de flor radiante me tienes adormecío, es que de tanto quererte ya tengo el pecho partío.
Cuánto quisiera mujer, que aceptes mis amoríos. Tengo un ranchito veguero a las orillas del río para formar nuestro hogar, cariñito consentido, tú conmigo y yo contigo, viviendo comprometidos.
Cuánto quisiera mujer que aceptes mis amoríos. Tengo un ranchito veguero a las orillas del río para formar nuestro hogar, cariñito consentido, tú conmigo y yo contigo, viviendo comprometidos.
El aroma de tu piel hipnotiza mis sentidos; tus besos de cun de amor, tus besos de cun de amor me envuelven en un delirio, y mi pobre corazón sufriendo con un suplicio, dormido sueño contigo que estoy en el paraíso.
El aroma de tu piel, hipnotiza mis sentidos; tus besos de cun de amor, tus besos de cun de amor me envuelven en un delirio, y mi pobre corazón sufriendo con un suplicio, dormido sueño contigo que estoy en el paraíso.
Ya no me hagas sufrir más porque voy a un precipicio. Si tú no te vas conmigo, puedo perder hasta el juicio. Sé que me dirás que sí porque es un amor bonito y así contar nuestra historia cuando ya estemos viejitos.
Ya no me hagas sufrir más porque voy a un precipicio. Si tú no te vas conmigo, puedo perder hasta el juicio. Sé que me dirás que sí porque es un amor bonito y así contar nuestra historia cuando ya estemos viejitos.

45 SEÑOR DON JUAN

I

Señor don Juan, yo sé que ha pasado el tiempo y tu rostro no es el mismo, porque en cada luna llena tu juventud concluyó.

Señor don Juan, ahora el tiempo te reprocha porque agotaste tus años sin dedicar un paréntesis para tu recreación.

Allá en tus años de mozo tan valiente y audaz de estampa recia y bravía como todo campesino de sombrero y alpargata, y de palabra cumplida.

Cuando despuntaba el sol con su café y p'al trabajo con los clarines del día, ya estaba don Juan de pie *pa* fajarse a la faena; por eso es de piel curtía.

II

Usted, don Juan, que ha trabajado tan duro para formar a tus hijos en este mundo tan cruel, porque como tú no hay dos.

Verdad, don Juan, tu vista ya está borrosa, tu fuerza ya no es la misma porque la carga que llevas solo tú sabes cuánto pesó.

Sacrificaste tus años y hoy solo te han quedado los recuerdos del ayer con un sinfín de ilusiones si el tiempo no te dio tregua porque llegó tu vejez.

Seguirás siendo, don Juan, indómito como el viento, pero con tu sencillez; recio como la sabana, cual fuese potro violento sin perder tu sensatez.

46 UN MINUTO PARA QUERERTE

I

Dame un minuto para quererte no más y te lo juro que no te arrepentirás. En un minuto mi corazón te dirá cuánto te ama porque es tuyo y nada más.
Dame un minuto para quererte no más y te lo juro que no te arrepentirás. En un minuto mi corazón te dirá cuánto te ama porque es tuyo y nada más.
En un minuto, mis labios te besarán; en un minuto, mis manos sí tocarán; tus manos suaves de emoción sí temblarán, y en tus oídos un susurro escucharás que te amo, que te quiero, que eres mi amor ideal.
En un minuto, mis labios te besarán; en un minuto, mis manos sí tocarán; tus manos suaves de emoción sí temblaran, y en tus oídos un susurro escucharás que te amo, que te quiero, que eres mi amor ideal.

II

Oye, mi vida, no pienses que soy igual y no te asombres de lo que tu sentirás. Amor bonito ver mariposas volar, en campo verde de un jardín primaveral.
Oye, mi vida, no pienses que soy igual y no te asombres de lo que tu sentirás. Amor bonito ver mariposas volar, en campo verde de un jardín primaveral.

Que sí te quiero, como la abeja al panal; que sí te adoro, es algo muy especial; cómo negarlo sin poder disimular, sin ti me muero y no dejo de pensar en tu carita de diosa y en tu voz angelical. Que sí te quiero, como la abeja al panal; que sí te adoro, es algo muy especial; cómo negarlo sin poder disimular, sin ti me muero y no dejo de pensar en tu carita de diosa y en tu voz angelical.

47 SANTA BÁRBARA ES MI PUEBLO

I

Santa Bárbara es un pueblo del municipio Zamora, está en la puerta del llano, una región productora de mi tierra barinesa, alegre y emprendedora.

Santa Bárbara querida, mi alma cuánto te añora, por tus calles legendarias los recuerdos se me afloran, si en ellas a pies descalzos las anduve a cada hora.

Mi infancia, que transcurrió en lomos de una potrona para arriba y para abajo, cuando despunta la aurora, en este pueblo llanero con orgullo me apasiona, si tú me viste crecer como una gran luchadora.

Desde niña te *e* cantado a ti, querida Zamora, dibujando con mi verso. Me acompaña una bandola, remembranzas de mi pueblo en vuelos de corocoras, levantando la bandera porque soy tu defensora.

II

Santa Bárbara es un pueblo de gente trabajadora, humanista por demás, desprendida y servidora, atenta con el que viene parrandera y soñadora.

Santa Bárbara bendita, bendíceme mi patrona, cobíjame con tu manto, de rodillas te lo implora, mi alma pura y genuina de ti una fiel seguidora.

Tu iglesia es monumental; tu plaza es encantadora; tus calles son de recuento, que guardan toda su historia, el acervo cultural de nuestra música criolla, que con el paso del tiempo sigue siendo vencedora.

Yo nací para cantarle a un llano que no perdona que un hijo suyo no cante al pie de un arpa sonora, describiendo sus paisajes del cielo, fauna y la flora, metáfora de mi verso y del canto su defensora.

48 MUCHACHITA QUINCEAÑERA

I

Muchachita quinceañera de tiernos ojos, regálame una sonrisa; eres flor de araguaney, un lirio blanco que adornas las mañanitas. Tienes cuerpo de sirena y mil encantos, que me inquietas, señorita; tus mejillas sonrojadas, manos de seda y una voz tan suavecita.

No te regalo la luna ni una estrella, jovencita; tampoco un rayo del sol; sería mentirte, vidita, pero sí esta serenata, preciosa mujer bonita.
No te regalo la luna ni una estrella, jovencita; tampoco un rayo del sol; sería mentirte, vidita, pero sí esta serenata, preciosa mujer bonita.

II

Muchachita quinceañera, traje mi canto para honrarte, señorita, con mi cuatro querendón y arpa viajera, para ti, mi princesita. Eres estrella fugaz, eres la luna, también el agua clarita, de alma noble y generosa, que inspiras paz como canto e saucelita.

No te niego que eres bella como un vergel encendido con flores de mil colores, que embellecen el camino, el que quiero recorrer, muchacha de mis delirios.
No te niego que eres bella como un vergel encendido con flores de mil colores, que embellecen el camino, el que quiero recorrer, muchacha de mis delirios.

49 MADRE QUERIDA

I

Madre querida, hoy te traje mi canción; con gran orgullo me lo pide el corazón. Yo soy tu hijo y tú eres mi adoración, dame un abrazo y échame la bendición.

Viejita mía, hoy te dejo mi canción; con gran orgullo me lo pide el corazón. Yo soy tu hijo y tú eres mi adoración, dame un abrazo y échame la bendición.

No tengo con qué pagar toda tu dedicación, cada noche de desvelo y nueve meses de fervor; tampoco el dolor de parto ni la crianza que me dio.

El amor que tú me diste no tiene comparación, es tan grande como el cielo tan radiante como el sol, cristalino como el agua, más hermoso que una flor.

II

Mi madrecita, para mí eres la mejor; cuánta ternura, entregas todo tu amor. Tú eres mi cielo, mi alegría y mi redención; es un tesoro que guardo en mi corazón.

Mi madrecita, para mí eres la mejor; cuánta ternura, entregas todo tu amor. Tú eres mi cielo, mi alegría y mi redención; es un tesoro que guardo en mi corazón.

Madrecita, tú me diste la vida y la educación, guiaste mis primeros pasos, como un ángel protector por ti pido con vehemencia al Señor nuestro creador.

Recibe esta serenata para honrar tu profesión, en la escuela de la vida te graduaste con honor. Como tú no hay otra igual, no tienes comparación.

50 AMOR NO CORRESPONDIDO

I

Una linda morenita conquistó mi corazón, sin querer y sin motivos me fue llenando de amor. Me encantó con su sonrisa, me amarró con su fulgor. Si la tengo entre mis brazos, se desborda mi pasión.
Una linda morenita conquistó mi corazón, sin querer y sin motivos me fue llenando de amor. Me encantó con su sonrisa, me amarró con su fulgor. Si la tengo entre mis brazos, se desborda mi pasión.

Le pregunté si me amaba y ella no me dio razón, solo miraba hacia el cielo como pidiendo perdón; pero la culpa no es mía si la tiene el corazón.
Cuántos sueños tan bonitos mantenía con la ilusión, pero se fueron cayendo como pétalos en flor. Sería más fácil morir que vivir con este dolor.

II

Por una mujer bonita me voy a morir de amor, ayer tarde se me fue sin motivo y sin razón. Qué tristeza y qué agonía aguanta mi corazón, el tiempo será la cura que alivie esta decepción.
Por una mujer bonita me voy a morir de amor, ayer tarde se me fue, sin motivo y sin razón. Qué tristeza y qué agonía aguanta mi corazón, el tiempo será la cura que alivie esta decepción.

Qué triste es uno querer y no ser correspondido, pero lástima no es amor ni querer es el olvido. «Amor con amor se paga» es un dicho conocido.

Recuérdame, cariñito, que yo tampoco te olvido. Un rinconcito de mi alma sí te llevara conmigo, deseando que seas feliz con el hombre que has querido.

51 SOY UN POETA

I

Soy un poeta porque pinto en cada verso y en cada letra que escribo con sentimiento del alma.

Soy un pintor, dibujando con talento del artista y del maestro en cada frase plasmada.

Coloreando la alegría, emociones y agonías de aquellas penas amargas, tristeza y melancolías, y a las noches les hago el día poniendo la mejor cara.

Sonríe siempre a la vida; elevando la autoestima se siente menos la carga, así la pena sea honda. Pon tu mejor semblante al sol en cada mañana.

II

Yo soy poeta porque les pongo color a aquellos días sin sol y un cielo a la alborada.

Soy el doctor que alivia viejas heridas tristezas y sinsabores para un alma despechada.

Tengo en la pluma el alivio para ese corazón roto que llora en la madrugada de sentimiento y dolor porque la pena que lleva le está destrozando el alma.

Llora, llora, corazón, para sacar tu dolor, que te está martirizando, y así saldrá de tu pecho el ahogo que llevas dentro que nadie puede arrancarlo.

52 NO DEJES PARA MAÑANA

Escucha, mi bien, escucha, que, si no escuchas tu interior, no sabrás lo que te espera ni podrás escuchar tampoco los latidos de tu corazón, que cuando llegan las emociones palpitan tan pero tan fuerte que se asemejan a un tropel de bestias por un sendero lleno de contratiempos se intercambian por matorrales llenos de espinas llevándose en su embestida lo que está delante suyo. Entonces aprenderás a escuchar, porque de los errores ya aprendemos, aunque a veces esos errores nos traen consecuencias que hacen daño y nos hace daño.

No dejes para mañana lo que puedas hacer hoy. Quien no mira el camino no verá el horizonte. Aunque sea incierto, no podrá llegar a su destino si al tener delante de él el camino lo ha dejado pasar como ha dejado pasar las oportunidades, y los años de las manos se nos van.

No dejes para mañana para compartir con tus seres queridos, puesto que a lo mejor te marches el día menos pensado y entonces será demasiado tarde; aunque hay un dicho muy sabio que dice: «Nunca es tarde para empezar, nunca es tarde para reír, nunca es tarde para soñar y nunca es tarde para hacer o para arrepentirse de una mala acción».

No dejes para mañana lo que puedas hacer hoy porque ya mañana será tarde. No dejes para más tarde para decir «te quiero», porque tal vez aquel a quien ames ya no esté cuando decidas decirlo. Y no dejes para mañana lo que hoy te sientas incapaz de hacer, porque nadie nació aprendido y quien no intenta no sabrá nunca de lo que es capaz.

El tiempo pasa y los años se nos remontan haciéndonos cada vez más viejos y menos incapaces. Entonces valora tus habilidades y tu fuerza, no dejes para mañana todo lo que este en este día puedas hacer, lucha siempre con actitud positiva y lograrás tus metas. No olvides que el sabio calla mientras el ignorante grita y el desafortunado desespera y nadie sabe lo que tiene hasta que lo pierde. Aprende de tus errores, es de sabio corregir.

53 DICIEMBRE TRISTE

I

Qué diciembre tan amargo, no hay Navidad; qué alegre mi amanecer; cómo evitar la tristeza cuando nos falta el cariño de un querer.

Qué diciembre tan amargo, no hay Navidad; qué alegre mi amanecer; cómo evitar la tristeza cuando nos falta el cariño de un querer.

A unos nos falta la madre, a otros el padre también; sentir la ausencia de un hijo que no volverás a ver; lloramos porque perdimos el amor de una mujer.

Veinticuatro y treinta y uno, el dolor será más cruel al recordar con nostalgia los que estuvieron ayer si por razón del destino no están este anochecer.

II

Diciembre, regale algo, lo que no encuentro, alegría para mi ser. Este año que finaliza, a Dios doy gracias por un nuevo amanecer. Diciembre, regale algo, lo que no encuentro, alegría para mi ser. Este año que finaliza a Dios doy gracias por un nuevo amanecer. Aquí estamos reunidos como es costumbre comer, la hallaca y carne asá con cerveza pa beber, con familia y amistades viendo los niños correr.

Ya en las doce campanadas se ven lágrimas caer, entre abrazos y apretones tendremos que agradecer por lo que hemos recibido y lo que pudo aprender.

54 OJITOS DE LUNA CLARA

I

No sé qué tienen tus ojos, no sé qué tiene tu boca, el perfil de tu mirada, que te miro y me provocas.
La sensualidad en tus labios, dulces como la guanota; tus mejillas, un rosal reluciente y primoroso.
Tu cabello largo y suelto con el vaivén en tu ropa, y a cada paso que das me pones en banca rota, que pierdo hasta los sentidos y a mi corazón sofocas, aceleras sus latidos, mujer tan linda y hermosa.
Tu cabello largo y suelto con el vaivén en tu ropa, y a cada paso que das me pones en banca rota, que pierdo hasta los sentidos y a mi corazón sofocas aceleras sus latidos, mujer tan linda y hermosa.

II

Cómo hago pa no pensarte, de noche y de madrugada, pero estás aquí en mi mente como una espina clavada.
Me gustan tus labios tiernos y tu boquita rosada, me gusta todo de ti, ojitos de luna clara.
Me has robado el pensamiento, pues me pierdo en tu mirada.
Ilumíname el camino que conduce a tu morada, arrópame con tu cuerpo, quiero dormir en tu almohada y despertar cada día en el lecho de tu cama.
Me has robado el pensamiento, pues me pierdo en tu mirada.
Ilumíname el camino que conduce a tu morada, arrópame con tu cuerpo, quiero dormir en tu almohada y despertar cada día en el lecho de tu cama.

55 QUIÉREME TAL COMO SOY

I

Quiéreme tal como soy, sin diferencia ni engaño. Aquí está mi corazón, que te está necesitando.

Tengo errores y virtudes como cualquier ser humano, no soy el hombre perfecto ni estoy limpio de pecado.

Quiéreme, cariño mío, ámame sin desagravio, adora un amor bonito que por ti está suspirando. Yo seré tu compañero fiel por toditos los años, en las malas y en las buenas sí contarás con mi mano, como lo manda el Creador, nuestro señor soberano.

Quiéreme, cariño mío, ámame sin desagravio, adora un amor bonito que por ti está suspirando. Yo seré tu compañero fiel por toditos los años, en las malas y en las buenas sí contarás con mi mano, como lo manda el Creador, nuestro señor soberano.

II

Quiéreme así como soy, que el amor no es un pecado; pecado sería fingir un amor equivocado.

El amor sin condición, sin barreras ni resabios, ese sí es verdadero, no tienes que maltratarlo.

Quiéreme, cariño mío, ámame sin desagravio, adora un amor bonito que por ti está suspirando. Yo seré tu compañero fiel por toditos los años, en las malas y en las buenas sí contarás con mi mano, como lo manda el Creador, nuestro señor soberano.

Quiéreme, cariño mío, ámame sin desagravio, adora un amor bonito que por ti está suspirando. Yo seré tu compañero fiel por toditos los años, en las malas y en las buenas sí contarás con mi mano, como lo manda el Creador, nuestro señor soberano. ¡Quiéreme tal como soy!

56 ERES TODO UN POEMA

I

Sí, eres todo un poema, todo un poema, y un jardín de tentaciones.
Eres la mujer más linda, la más bonita, la que inspira mis canciones.
Sí eres todo un poema, todo un poema, y un jardín de tentaciones.
Eres la mujer más linda, la más bonita, la que inspira mis canciones.
Deseando todo lo bello, lo más bonito, pa que tus ojos no lloren
y sean solo sonrisas, y alegrías que a tus mejillas adornen, haciéndote tan feliz que borre tus sinsabores.
Cuando caiga la mañana con la alborada y muestre sus arreboles
en un cielo pintoresco, de aquel Edén despierten tus emociones
esa juventud jovial con un mundo de ilusiones.

II

Yo quiero ser tu pañuelo, ese pañuelo para acariciar tu cara. Yo
quiero ser tu cobija, con que te arropas; también quiero ser tu
almohada.
Yo quiero ser tu pañuelo, ese pañuelo para acariciar tu cara. Yo
quiero ser tu cobija, con que te arropas; también quiero ser tu
almohada.

Quiero beber tu café y ver tus ojos cada día en las mañanas y
descansar cada noche; enamorados, contigo en la misma cama
esperando amanecer entre mis brazos, mi amada.
Tu presencia me hace bien, cariño lindo; mi vida sin ti no es
nada. Quiero compartir contigo mi juventud con noches de luna
clara y que al final de los años te sientas regocijada.

57 LUNITA CLARA DE ENERO

I

Cómo negar que me gustas, cómo negar que te quiero, arroyito de agua dulce, mi manantial veranero.

Mi estrellita matutina que acompañas mi lucero y en cada noche me alumbras, lunita clara de enero.

Mañana bien tempranito, con la alborada, ensillo el potro canelo, le palmoteo su lomo y le pongo los aperos para hacerle una visita a ver el amor que quiero.

Al pasar por el camino, como regalo corto un lirio sabanero, y una flor de campanilla recogeré en el estero, *acompañá* de mastranto del camino ganadero.

II

Luna llanera bonita, ilumíname el sendero para no perder la ruta del camino sabanero.

Te traje este ramo *e* flores *amarrao* con mi pañuelo y estas líneas que escribí con sentimiento llanero.

Cara de niña bonita, hoy te dedico este canto lisonjero. Te comparo con las flores, pues yo soy tu jardinero, quien podará tus ramas con cariño verdadero.

Tienes cuerpo de guitarra y tu mirada me causa, es un desespero. El brillo que hay en tu rostro es como el sol mañanero que acaricia con la brisa la hermosura de tu pelo.

58 OJITOS COLOR CANELA

I

Ojitos color canela, cara de diosa bonita, perfil de mirada esbelta, labios tiernos primorosos y una voz tan suavecita.
Ojitos color canela, cara de diosa bonita, perfil de mirada esbelta, labios tiernos primorosos y una voz tan suavecita.
Tus ojos son un diamante, son un diamante de noche y de mañanita, y en la mina de tu amor quiero explorarla todita cada parte de tu piel tan solo con mis caricias, porque es todo un monumento, invaluable señorita.
Tus ojos son un diamante, son un diamante, de noche y de mañanita, y en la mina de tu amor quiero explorarla todita cada parte de tu piel tan solo con mis caricias, porque es todo un monumento, invaluable señorita.

II

Siento envidia de la brisa, la que roza tus mejillas, quien peina tu cabellera y acaricia tu semblante, bella flor de margarita.
Siento envidia de la brisa, la que roza tus mejillas, quien peina tu cabellera y acaricia tu semblante, bella flor de margarita.
Dame una oportunidad, cariño lindo, que mi corazón palpita por tu amor y por tus besos. Quiero tenerte cerquita, donde huela tu fragancia y no te pierda de vista, si me tienes cautivado con lo tierno *e* tu sonrisa.
Dame una oportunidad, cariño lindo, que mi corazón palpita por tu amor y por tus besos. Quiero tenerte cerquita, donde huela tu fragancia y no te pierda de vista, si me tienes cautivado con lo tierno *e* tu sonrisa.

59 LA POTRA ALAZANA

I

Tengo una potra alazana muy singular; pastando allá en el potrero, no sabe nada de silla, nada de silla, ni mucho menos de freno; da gusto mirar su estampa relinchando en el tranquero.
Tengo una potra alazana, muy singular; pastando allá en el potrero, no sabe nada de silla, nada de silla; ni mucho menos de freno; da mirar su estampa relinchando en el tranquero.
A esa potra le pondré mi soga con los aperos, le enseñaré a caminar con bozal y con el freno pa que acomode su paso. La arrendaré bien primero, que tenga buena saluda en su andar pasitrotero.
Yo seré su amansador, su dueño y su compañero. Cuando le ponga la silla, la falseta y el suadero, le daré todo el cuidado de un amansador veguero que sabe de su remonta y de un cariño sincero.

II

Esa potra es indomable, según se ve; corre libre como el viento; domarla está en mi destino, en mi destino; ya le tengo puesto el hierro y en mi mano come sal; sí, en mi corral yo la encierro.
Esa potra es indomable, según se ve; corre libre como el viento; domarla está en mi destino, en mi destino; ya le tengo puesto el hierro y en mi mano come sal; sí, en mi corral yo la encierro.
Por la tarde, ella relincha cuando está en el paradero, porque sabe que su amo le montará los aperos, y la lleva al botalón con la gasa de rejo, sacándola a sabanear por esos largos senderos.
Beberá agua de mi aljibe y comerá en mi potrero, tendrá los falsos abiertos del corral con el salero porque es suya mi sabana y no quiere otros linderos. Le palmoteo su lomo bañándola en el estero.

60 PADRE NO ES EL QUE ENGENDRA

I

Desde los tiempos antiguos hasta hoy se ha conocío que un buen padre en el hogar siempre está comprometío.

Yo no digo que soy bueno ni que un fallo no he tenío, pero sí tengo bien claro que un hijo está bendecío.

Padre no es aquel que engendra, sino el que le da el avío, el que está cuando se enferma, lo arropa si tiene frío y le da sabios consejos pa que no caiga en desvío, le da un techo y qué comé, el calzado y el vestío.

Padre no es aquel que engendra, sino el que le da el avío, el que está cuando se enferma, lo arropa si tiene frío y le da sabios consejos pa que no caiga en desvío, le da un techo y qué comé, el calzado y el vestío.

II

Un hijo siempre es el hijo, eso está reconocío, sin diferencia ninguna, sea bueno o sea bandío.

Depende de la enseñanza que el muchacho ha recibío y el ejemplo de sus padres que en el hogar ha tenío.

Tampoco hay que eximí al taita que no ha cumplío con la justa obligación y se hace el desentendío, dejando a un lao su deber de cumplir lo prometío del hijo que se hará hombre y puede quedá resentío.

Tampoco hay que eximí al taita que no ha cumplío con la justa obligación y se hace el desentendío, dejando a un lao su deber de cumplir lo prometío del hijo que se hará hombre y puede quedá resentío.

61 POEMA, ¡AHORA QUÉ!

Ahora que he vuelto a tener una ilusión, ahora que quiero recuperar el tiempo perdido, ahora que siento en mi corazón emociones, ahora que la vida se me llena de esperanzas y sueños, ahora que deseo luchar con más fuerza por el amor, el amor que un día casi tenía perdido como perdida se siente el alma en limbo de un mundo vacío y oscuro, ahora que quiero dar importancia a lo que no le di en su tiempo.

Ahora que despierto mi mundo lleno de emociones para conquistar la felicidad, valorándome como soy y por lo que soy; ahora que mi mente se centra en hacer feliz para ser feliz; ahora que mis ojos brillan como brillan los luceros en el infinito. Aceptarse a sí mismo es aceptar a los demás.

62 MIS PLEGARIAS

I

Que DIOS bendiga la lluvia, la lluvia fresca, que nuestra tierra humedece, reverdece la sabana; los pastos secos se crecen y fortalecen.
Que DIOS bendiga la tierra, la tierra fértil, donde el campo más florece, donde viven pajaritos y mariposas, donde el sol más resplandece.
Dios mío todopoderoso, oh, señor omnipotente, benditos sean los campos donde trabaja la gente, cultivando el porvenir labrando conscientemente el pan de todos los días pa que a todos alimenten.
Bendita sea la mañana y el sol que desaparece en el ocaso del día, se curte cuando anochece. Bendita también la luna y el cielo que nos ofrece, lo mágico de este mundo que a todos nos pertenece.

II

Luna, noche y horizonte de un infinito que a todos deja perplejo, el cielo con las estrellas, y los luceros conjugan el firmamento.
El agua es la esperanza, fuente de vida; sin ella me desespero, el sol el astro mayor, que simboliza la luz, resplandor y fuego.
El hombre vino a la tierra gracias a mi Dios supremo, el padre de Adán y Eva, y Jesucristo el Nazareno, el que murió por nosotros clavado sobre un madero, haciendo hasta lo imposible por consagrar a su pueblo.
Estas ya son mis plegarias dirigidas hacia el cielo, nacer, crecer y morir, y agradecer por lo bueno. Si esta es la ley de la vida, gracias a ti, Padre eterno, por todas tus bendiciones, este es mi mayor consuelo.

63 JURAMENTO SAGRADO

I

En la villa del señor, mi Dios bendito, el que está allá en las alturas, quiero pedirle un favor muy especial para que me dé su ayuda, que nos reciba en su seno cuando nos lleve a la tumba.

En la villa del señor, mi Dios bendito, el que está allá en las alturas, quiero pedirle un favor muy especial para que me dé su ayuda, que nos reciba en su seno cuando nos lleve a la tumba.

Si es que yo muero primero, abrázame con ternura, mi esposa, mi gran tesoro, digna de tanta hermosura. Cierra mis ojos con calma, que el tiempo será la cura, el que alivie en tus entrañas esa pena tan profunda.

Te esperaré allá en el cielo entre flores y venturas, un paraíso silvestre semejante a mi llanura y en un caballo blanquito, tú en ancas de mi montura. Cabalgaremos el valle cuando abraces mi cintura.

II

Dame tu mano, mi amor, nunca te sueltes, que a mi lado estás segura. Oye el murmullo del viento, la brisa fresca que a nuestras almas desnuda. Tú conmigo y yo contigo es la realidad más pura.

Dame tu mano, mi amor, nunca te sueltes, que a mi lado estás segura. Oye el murmullo del viento, la brisa fresca que a nuestras almas desnuda. Tú conmigo y yo contigo es la realidad más pura.

Quiero que el mundo se entere que vivimos aventuras, que nos quisimos bonito con pasión y con locura en nuestro idilio de amor sin reservas ni rupturas. Un juramento de amor de amarte es mi gran fortuna.

Que nos entierren junticos, en la misma sepultura, y en la lápida que diga: «Amor, pasión y ternura es el cariño sincero que con el tiempo perdura». En el cielo y en la tierra te amaré como a ninguna.

64 HOMENAJE AL CAMPESINO

I

Yo voy un remando en la copla de un bonguero peregrino, inspirado en las barrancas y las corrientes del río, con la brisa que bordea los rastrojos confundíos, con el trino de turpiales sauce y guaitacamino.

Me inspiro en este pasaje como un canto relancino pa rendir un homenaje al humilde campesino, ese que labra la tierra pa llevar al citadino, cosechas de su conuco como agricultor genuino.

Aquel que se crio en el campo bregando desde muy niño, ese que no tuvo escuela solo andar por los caminos, porque esas eran las labores: cargar leña en un pollino, amamantar los becerros y enjamugá un buey barcino.

Que Dios bendiga las manos del hombre campesino, el que produce la leche, carne de res y cochino; plátano, yuca y topocho; papa, cebolla y pepino pa que al pueblo no le falten en la mesa el pan y vino.

II

Soy un criollo campesino legítimo *e* pies descalzos, orgulloso de su tierra, de haber crecido en el campo, entre tonadas de ordeño y el canto del tarotaro, el bramar de la vacada y el relincho del caballo.

El ignato campesino es recio pa los trabajos, sabe escuartizá una res, sacarle brío a un potranco, picar una soga nueva, ponerle la palma a un rancho; aborda un río crecío y arregla en la puerta un falso.

Campesino es todo aquel que vive en un vecindario, en un ranchito de palma con las paredes de barro, tiene un conuco, asistió con peinilla y garabato, y unas vaquitas de ordeño *pa* asegurar el guarapo.

Se levanta tempranito *pa* atender bien el mamanto y en el patio no le faltan las gallinas con el gallo, unos dos o tres lechones hozando en la costa *e* caño, y un cariño querendón que lo arrulla entre sus brazos.

65 AMOR SUBLIME

I

El amor de una mujer hay que mantenerlo vivo como pétalos de rosa en un jardín florecido.

Regándolo cada día con amor y con cariño, con cuidado y atenciones, con caricias y con mimos.

Ellas tienen para uno ese fogón encendido con el café en la mañana y en la noche para el frío, la comida a cada hora dispuesta pa su marido, cumpliendo ese juramento que en la iglesia ha prometido.

Entonces por qué razón hacerse el desentendido. No siembres en tierra ajena, que es un terreno baldío. Cultivemos bien el nuestro, que ese no está prohibido y ante los ojos de Dios estarás agradecido.

II

Cuánta mujer en el mundo callando con un vacío al no sentirse querida por culpa de su marido.

Que de su querer se ausenta y ya la ha puesto en olvido, siempre está sola en su cama sin saber lo acontecido.

A mi esposa la complazco en todo lo permitido, y cómo no voy a hacerlo, si ella me ha correspondido. No tengo por qué buscar otro querer escondido si en la casa tengo todo el tesoro que yo ansío.

Le daré un ramo de flores con una copa de vino, brindamos por el amor y por lo que hemos vivido. Por las noches la consiento, le doy calor y abrigo. Quién la puede querer más que yo, que soy su marido.

66 ALMAS GEMELAS

I

Amorcito de mi vida, prenda de mi corazón, quiero que me des un beso; quiero sentirme en tus brazos muy protegida con el calor de tu cuerpo.

Cariñito de mi vida, prenda de mi corazón, quiero que me des un beso; quiero sentir tus caricias muy consentida y descansando en tu pecho.

Qué noche plenilunar de caricias en exceso, tú me amas y te adoro sin reservas y sin miedos, somos dos almas gemelas con un mismo sentimiento.

Sin ti no podría vivir porque eres mi complemento, me siento como una rosa que le hacen falta el viento y el agua para vivir sin que maltraten sus pétalos.

II

Cuando estoy lejos de ti, siento que mi alma suspira y elevo mis pensamientos para cruzar la distancia que nos separa y llegar a tu aposento.

Cuando estoy lejos de ti, siento que mi alma suspira y se revuelve por dentro. Quiero acortar la distancia que nos impide amarnos tiempo completo.

Sé de tu melancolía, las tristezas y sosiegos; ya me lo hiciste saber enviándome tu pañuelo con tres palabras escritas: «Amor querido y sincero».

Aguanta, mi corazón, que pronto nos juntaremos, yo contigo y tú conmigo, en este idilio de sueños para todita la vida jurarnos amor eterno.

67 VIEJO CON ALMA JOVEN

Mirando hacia el horizonte entre cielo azul y palmas, sentado en aquel tranquero, se entristeció la mirada recordar mi juventud de aquella edad muy temprana. Hoy perdí hasta los reflejos, cuántas arrugas y canas.

Los años nos dejan huellas, a veces buenas y malas; algunas las borra el tiempo y otras quedan guardadas; los recuerdos más bonitos de aquella vida pasada, cuando mi fuerza tenía pa aguantar varias jornadas.

Hoy mi pulso es tembloroso, mi oído es sordo y la vista ya cansada, mis pasos ya son más cortos, mis carnes debilitadas, las arrugas de mi frente cada vez más pronunciadas y un bordón que me acompaña con mi voz entre cortada.

Me levantan tempranito cantos de gallo y el bramar de la vacada, el relincho del padrote muy cerca de la alambrada, deseando que yo lo monte como en épocas pasadas y que ya no puedo hacerlo porque tengo edad avanzada.

II

La vejez no me acongoja; al contrario, me engalana. Si el árbol nace chiquito y luego crecen sus ramas para darle buena sombra a aquel que sepa apreciarla, así como lo hice yo con la que me dio la crianza.

Mi juventud es vigorosa, radiante, pura y lozana. Se oye como un murmullo, quedándose en la distancia, pero sin lamentaciones; mucho menos cuestionarla. Mi juventud fue impetuosa como la misma sabana.

Sabanas donde me crie desde pequeño, formado en esas batallas del muchacho becerrero, ordeñador en camaza, jinete y rejoneador, domador de vacas bravas, y era hombre de toro solo de sombrero y alpargatas.

Soy viejo, pero con brío, hombre elocuente, un criollo de esta comarca, un viejo con alma joven pa alegrar una parranda con mi cuatro parrandero, el mismo que baila y canta, y a una muchacha bonita le brinda una serenata.

68 EL AMOR POR MI TERRUÑO

I

Qué bonitas sus montañas, ríos, caños y cañadas; la frescura de sus bosques, el zumbío de una cascada, el canto de un cristo fue, un ruiseñor le acompaña. (Bis)

Mi tierra, la más hermosa cuna de mis añoranzas; el perfume de sus flores, que me envuelve en su fragancia; de tan bonitos colores hoy me brinda una esperanza, con su paisaje silvestre y el vuelo de garzas blancas.

Siento un lamento en mi pecho, recordar me da nostalgia a mi lindo Suripá como un sueño de alabanza, su escuelita tan hermosa, donde yo estudié en mi infancia. Hoy en día le agradezco, no hago más que recordarla.

II

Hoy le canto a Suripá, tierra que me dio la crianza, mis correderos de niña, donde tanto jugueteaba por el camino del bosque; quedó mi huella marcada. (Bis)

Mi canto que identifica al cielo azul de sus pampas, culturas y tradiciones con la melodía del arpa y la letra del poeta que hizo realidad mi canta, reviviendo los recuerdos en mi ranchito de palma.

El amor por mi terruño es como las gotas de agua, como la arena en el río, dulce como miel de caña, impetuoso como el viento. Yo jamás podré olvidarla, te llevo por todas partes metido dentro e mi alma.

69 SON TRES COPAS NADA MÁS

I

Son tres copas nada más las que tomaré por ti; la primera por tu amor, el que nunca conseguí, aunque no valió la pena el amor que te ofrecí.

Son tres copas nada más, las que tomaré por ti; la primera por tu amor, el que nunca conseguí, aunque no valió la pena el amor que te ofrecí.

Si tu orgullo se comprara, lo compraría para mí; no importa si pierdo todo, pues todo ya lo perdí; solo me queda el recuerdo del que te conocí, y hoy me destrozas el alma, mucho me toca sufrir.

La segunda me la tomo en cantina de aquí. Para matar el guayabo, brindaré siempre por ti. Sabiéndote en otros, la tercera me bebí; pero del pecho me arranco el guayabo con la raíz.

II

Un deseo nada más a mi Dios quiero pedir: si el nuevo amor que encontré es lo mejor para mí, protégenos con su manto, que con ella soy feliz.

Un deseo nada más a mi Dios quiero pedir: si el nuevo amor que encontré es lo mejor para mí, protégenos con su manto, que con ella soy feliz.

Viendo su fotografía, con coraje la rompí; pa qué vivir de recuerdos, si fuiste un colibrí; entraste por mi ventana, mi cariño te lo di, pero te fuiste alejando y mil lágrimas vertí.

Hoy ya se borró tu huella, otro amor me conseguí. Quise escribir estas líneas pa que te acuerdes de mí, el hombre que un día te quiso; se vino fue a despedí con tres copas nada más, las que me tomé por ti.

70 MUCHACHA, FLOR DE SABANA

I

Cargo una pena en el alma, tristeza y melancolía. Mi novia ayer se marchó, qué mala suerte la mía. Se fue para la ciudad, no dijo si volvería.

Cargo una pena en el alma, tristeza y melancolía. Mi novia ayer se marchó, qué mala suerte la mía. Se fue para la ciudad, no dijo si volvería.

Yo que la adoraba tanto y mucho la consentía. Muchacha, flor de sabana, motivo de mi alegría, no abandones tus querencias, que sin ti me moriría.

Mi pena se acrecentó una tarde que llovía, recordando con dolor el día de su despedida cuando la miré ocultarse, perderse en la lejanía.

II

Muchacha, flor de sabana, vuelve pronto, vida mía. Los caminos sabaneros extrañan tu melodía y el fogón en mi fundito aun te espera todavía.

Muchacha, flor de sabana, vuelve pronto, vida mía. Los caminos sabaneros extrañan tu melodía y el fogón en mi fundito aun te espera todavía.

Allá en el corral de ordeño brama una vaca paria y en el patio las gallinas forman una algarabía porque el fundo está sin dueña y no hay quien le eche comía.

Mañana, cuando amanezca, voy a echá una travesía, ensillo el potro alzan pa asistí a una romería, quien quita y me la consiga y termine con mi agonía.

71 BARINAS, TIERRA GRANDIOSA

I

Barinas de mis encantos, tierra noble y generosa. Barinas, ciudad marquesa, la de mujeres hermosas, tu gentilicio elocuente y afluentes muy caudalosos, me llevan en tus paisajes a pintarte con mi prosa.

(Bis)

Llano de mi sentimiento te pinto, te pinto aquí con mi copla, donde el llanero genuino con la pluma hace una estrofa, resaltando tus querencias, llanura linda y hermosa, histórica de leyenda, poética y majestuosa.

Un cielo allá en la distancia; se ven volar las gaviotas, garzas blancas, corocoras entre palma y manirota, y en lo alto sus montañas con cascadas corrientosas, nacida en el pie de monte, Barinas, tierra grandiosa.

II

Barinas de mis ensueños, grandiosa tierra llanera, tú que me viste crecer entre calceta y palmera, domando potro cerrero y enlazando cacho y muela, sabaneando cachilapos en noches de luna llena.

(Bis)

Tu suelo es un paraíso productivo de primera con su gente laboriosa, agrícola y ganadera, cuna de grandes poetas que enaltecen la bandera, anclada en el occidente de mi linda Venezuela.

Tu costumbre está arraigada a la cultura llanera, regada por los caminos, pueblos, ciudad y veredas; rica por su patrimonio, flora, fauna y petrolera, músicos, grandes cultores que trascienden las fronteras.

72 EL HIJO DE LA HUMILDAD

En una humilde casita con techo *e* palma de bahareque y cañón fue que nació este poeta, campesino, trovador de la música llanera, humilde compositor, gracias a mi Dios bendito, que fue el que me dio este don.
A mi madre lo más grande con su constancia, amor y dedicación. Me llenó de fortaleza, me cubrió su bendición, me inculcó grandes valores que guardo en mi corazón, acompañando el respeto y amor a nuestro folclor.

A mi madre lo más grande con su constancia, amor y dedicación. Me llenó de fortaleza, me cubrió su bendición, me inculcó grandes valores que guardo en mi corazón, acompañando el respeto y amor a nuestro folclor.

II

Cómo olvidar esa infancia y a mi viejita, la que me dio su calor, la madre más abnegada. No le hizo falta un bordón pa criar a sus seis muchachos y darles la educación, cuatro hembras y dos varones con estirpe de cimarrón.

Entre consejo y regaño de aquellos tiempos me fui formando un varón en los quehaceres del campo, becerrero, ordeñador, caballicero y mensual, jinete y amansador, del conuco a la quesera, del jagüey al botalón. Entre consejo y regaño de aquellos tiempos me fui formando un varón en los quehaceres del campo, becerrero, ordeñador, caballicero y mensual, jinete y amansador, del conuco a la quesera, del jagüey al botalón.

73 DECLARACIÓN DE AMOR

Princesa de mis encantos, he venido a hablar contigo porque estoy que no me aguanto. Desde que te conocí, te veo, te pienso y te extraño, estás presente en mi mente como el sol en el verano.

Princesa de mis encantos, he venido a hablar contigo porque estoy que no me aguanto. Desde que te conocí, te veo, te pienso y te extraño, estás presente en mi mente como el sol en el verano.

Quiero que calmes mi sed, ya que de ti estoy sediento, de besar tus labios tiernos, y apretarte aquí en mi pecho. Quiero entregarte mi amor y hasta mi último aliento. Si muero, vuelvo a vivir para amarte todo el tiempo.

Quiero que calmes mi sed, ya que de ti estoy sediento, de besar tus labios tiernos, y apretarte aquí en mi pecho. Quiero entregarte mi amor y hasta mi último aliento. Si muero, vuelvo a vivir para amarte todo el tiempo

II

Tus ojos claros marrones, tu carita perfilada luciendo tu pelo largo, tus labios color de rosa, me incitan y me hacen daño. Me tienes en un delirio por tus besos suspirando.

Tus ojos claros marrones, tu carita perfilada luciendo tu pelo largo, tus labios color de rosa me incitan y me hacen daño. Me tienes en un delirio por tus besos suspirando.

Discúlpame si te ofendo, así me estoy declarando lo que siento, lo que quiero. Muchacha, flor de mastranto, dame una oportunidad, mira que te estoy amando, ya no me hagas sufrir más, que en mi pecho hay un quebranto.

Discúlpame si te ofendo, así estoy declarando lo que siento, lo que quiero. Muchacha, flor de mastranto, dame una oportunidad, mira que te estoy amando, ya no me hagas sufrir más, que en mi pecho hay un quebranto.

74 LLANERO

I

Llanero, sí. soy llanero, llanero de recia estampa, de sombrero, de cogollo, de soga, caballo y manta, baquiano de travesías pa llegar a una parranda.

Llanero como mi abuelo, llanera también mi mamá, llanero soy por herencia, llanero también mi taita, de cuchillo y barbiquejo, de piel curtía y alpargata.

Llanero de aquellos tiempos y orgullosos de mi crianza de toro, caballo y rejo de copla recia y maranta, el que no teme a peligro, no duda de su palabra; llanero no se arrincona porque le sobra la casta.

Llanero de aquellos tiempos y orgullosos de mi crianza de toro, caballo y rejo de copla recia y maranta, el que no teme a peligro, no duda de su palabra; llanero no se arrincona porque le sobra la casta.

II

Mi orgullo de ser llanero, por eso mis remembranzas al corral y al paradero, al viejo caney de palma, al camino barrialozo donde trascurrió mi infancia.

Palabra que soy llanero, mi origen de aquellas pampas, de un horizonte bravío donde hay bancos y sabanas, esteros con majumbales, calcetas, manglar y palmas.

Llanero de aquellos tiempos y orgullosos de mi crianza de toro, caballo y rejo de copla recia y maranta, el que no teme a peligro, no duda de su palabra; llanero no se arrincona porque le sobra la casta.

Llanero de aquellos tiempos y orgullosos de mi crianza de toro, caballo y rejo de copla recia y maranta, el que no teme a peligro, no duda de su palabra; llanero no se arrincona porque le sobra la casta.

75 MI CORAZÓN NO ES DE PALO

I

Qué cosas tiene la vida, ningún amor es perfecto. Yo que tanto la quería, hoy me mata este despecho, estropeao por tu amor, ¡qué guayabo tan arrecho!

Qué cosas tiene la vida ningún amor es perfecto. Yo que tanto la quería, hoy me mata este despecho, estropeao por tu amor, ¡qué guayabo tan arrecho!

Tanto quererte, mujer, para que me hicieras esto. Abandonaste un cariño que te dio calor y afecto, confianza y un amor puro; hoy me estás partiendo el pecho.

Tenía una venda en los ojos y una coraza de hierro, sin saber que una traición cargué sobre mi pellejo. Pisoteaste mi moral, la arrastraste por el suelo.

II

Mi corazón no es de palo, tampoco de gamelote. Mi corazón está vivo sintiendo cada reproche, los desprecios que me hacías como si ¡yo fuera un torpe!

Mi corazón no es de palo, tampoco de gamelote. Mi corazón está vivo sintiendo cada reproche, los desprecios que me hacías como si ¡yo fuera un torpe!

Los años que te entregué de pasión y de derroche, cada amanecer contigo, cada abrazo por las noches, los guardaré aquí en mi pecho como un recuerdo grandote.

No voy a seguir sufriendo así mis lágrimas broten. Mala gente descarada, yo no estoy para esos trotes; ni que yo fuera de palo con un corazón de roble.

76 INDIO POR SER COMO SOY

I

Indio por haber nacido a orillas de una cascada, soy el que teje un canasto y ando en una curiara, y a las orillas del río ahí cuelgo mi campechana.

Mi madre, lo más querido, pues con ternura me abraza. Como el mar quiere a sus olas y el viento a sus montañas, de igual manera yo siento por la que me dio la crianza.

Orgulloso yo me siento y tengo el alma ensanchada por haber nacido en tierras donde hay hermosas cascadas y el colorío de sus flores, que embellecen las mañanas.

Este es mi humilde hogar, no lo cambiaría por nada. Aquí yo nací y me crie, recorriendo sus montañas, y en cada paso que di dejé mi huella marcada.

II

Indio por ser como soy el propio pata rajada, aquel que masca tabaco y coge el agua en tapara y en la punta de un carruzo silba una linda tonada.

Estirpe de aquel lancero que enmudeció las montañas y que al animal silvestre lo encierra en una emboscada así como encierro yo la musa con la tonada.

Soy veloz como pantera, melodioso como guacaba, heredero del suripa, fundador de estas calzadas, conocedor de sus bosques, ríos, caños y cañadas.

Son valores ancestrales la totuma y la curiara, una flauta de bambú, el pilón y la tinaja, una lanza, arco y flecha que llevo sobre mi espalda.

77 AÑORANZAS PARA MI MADRE

I

Cuánto te añoro, mi madre, cuánto te añoro; bella azucena, de todas la más frondosa.

En mis recuerdos, te guardo aquí en mis recuerdos dentro del pecho, pa mí eres maravillosa.

Cuánto te añoro, mi madre, cuánto te añoro; bella azucena, de todas la más frondosa.

En mis recuerdos, te guardo aquí en mis recuerdos dentro del pecho, pa mí eres maravillosa.

Eres única en el mundo, madre adorable como tú no existe otra, de amor incondicional que entregas todo, madrecita bondadosa.

Me enseñaste que en la vida la dignidad y el respeto mucho importan, la unidad en la familia, salud y trabajo; lo demás está de sobra.

II

Cuánta nostalgia, mi madre, cuánta nostalgia marcó tu ausencia; mi vida está tan dolorosa.

Quiero tenerte, tenerte junto conmigo, en tu regazo y en tu lecho, mama hermosa.

Cuánta nostalgia, mi madre, cuánta nostalgia marcó tu ausencia; mi vida está tan dolorosa.

Quiero tenerte, tenerte junto conmigo, en tu regazo y en tu lecho, mama hermosa.

Desde el día de tu partida, mi alma inocente sufría esa cruel derrota; pero estás siempre en mi mente, doña Juanita, reluciente y cariñosa.

Tristeza y melancolía ahogan mi llanto de lágrimas gota a gota al saberte en otro mundo, viejita mía; que Dios te tenga en la gloria.

78 FORTALECIENDO LA INTEGRACIÓN

I

Aaah, les traigo aquí este joropo relancino y reventón al pie de la camoruca, suena el tiple y el bordón; el cuatro con las maracas, música de mi folclor auténtica del llanero, parrandero y bailador; afinaíto en la cuerda, agarrao del diapasón pa gritar un pajarillo y un pasajito llorón; de aquellos bien lamentaos cuando se pierde un amor guayabo mata cristiano, que me abrió la inspiración; pa cantarle a mi llanura y a todita la región; si es que el llano es uno solo, lo grito a todo pulmón. En Colombia y Venezuela, la copla es del trovador; el veguero se conoce por el callo en el talón; pa tumbar una orejana, no requiere *e* botalón. En plena sabana abierta, le enlaza a usted un cimarrón, le aborda un río creció sin curiara ni motor; torea, tumba y enlaza, sin encontrar contendor; le envarilla un potro en pelo; es jinete amansador; cuando hay faena, trabaja esto si es de sol a sol. Así fue como me crie, el llano fue mi patrón. Mi taita me dio la guía, mi mama la orientación, defendiendo mi estandarte, costumbres y tradición de mi patria Venezuela con cariño y con amor. Nosotros los folcloristas pongámosle corazón, llevando a otras naciones lo más puro *e* mi folclor.

II

Aaah, quiero rendirle homenaje a todita la región de la gran Latinoamérica a través de mi canción, fortaleciendo los vínculos que sirvan de integración si todos somos hermanos, lo dicta la ley de Dios; hijos de la patria grande como lo quiso Simón en su lucha libertaria, creando una gran nación. Colombia, Perú y Bolivia, Venezuela y Ecuador: cinco naciones hermanas que formó el libertador. Abracemos nuestra historia con respeto y gran valor, y a nuestros antepasados recordemos con honor, otorguémosle importancia si en la fuerza está la unión de México hasta Argentina, llegando hasta el Salvador, Honduras con Guatemala, Panamá y su población, Nicaragua y Costa Rica. En Chile está lo mejor. Su gente, su artesanía, lo rico de su folclor, los bailes tradicionales que tiene cada nación lo valoran, lo trascienden en cada generación de acuerdo a su idiosincrasia, lo propio de su región. De mi llano legendario les presento mi canción, tiene la esencia más criolla, la del rejo y botalón; la totuma y la camaza, tonada de ordeñador, el relincho de un potranco y el tropel del cimarrón, la melodía de un sauce y el canto del ruiseñor. Un abrazo para todos y que viva la integración.

79 MI PATRIA, LA MÁS HERMOSA

I

Hoy dedico esta canción para mi querida patria, trae un lindo
sentimiento acompañado del arpa.
Hoy dedico esta canción para mi querida patria, trae un lindo
sentimiento acompañado del arpa.
La melodía de mi musa, el canto de mi esperanza, dibujando con
mi verso horizonte, cielo y sabana, y la brisa mañanera con las
palmas jugueteaba.
Sus lindos atardeceres con vuelos de garzas blancas, cantos de
cucaracheros, arrendajo y paraulata, y el relincho de un caballo
cerca de la puerta e tranca.

II

Mi patria, la más hermosa, no la cambiaría por nada, tiene cau-
dalosos ríos, fauna y flora encantada.
Mi patria, la más hermosa, no la cambiaría por nada, tiene cau-
dalosos ríos, fauna y flora encantada.
  Un contraste de paisajes al despertar la mañana; también los
atardeceres, la aurora y la alborada son los tópicos que dan la
hermosura venezolana.
En la sierra canta el cóndor, en el río la matraca, y un carrao saba-
nero se escucha en la costa e mata, así como mi canción recorrer
toda mi patria.

80 CONTRAPUNTEO: TRES COPLEROS Y UNA MISMA ESENCIA (COPLAS)

Dame coplas, pensamiento entre la cuerda violenta, para decir con mi verso lo que mi memoria piensa, trillándole así el camino a la juventud que venga por los caminos del alba de nuestra música recia.

Soy hijo de la sabana, criollito de pura cepa, cantador y parrandero, compositor y poeta, defensor de la cultura de nuestra llanura inmensa, del joropo y el corrío; soy yo quien lo representa.

Aquí estoy; si no me han visto, yo vengo a alegrar la fiesta con arpa, maraca y cuatro, con melodía y buena letra, pa que sepan que en Barinas nos rinde al pie de la cuerda, resaltando los valores por tradición y vivencia.

Mi legado siempre han sido la música y mis querencias, plasmando en mi letanía el llano con sus bellezas, describiendo atardeceres, pincelando en mis poemas un rebaño de ganado con un hatajo de bestias.

Orgulloso yo me siento, padre, de llevar tu esencia, pues lo que me has enseñao no se aprende allá en la escuela, como se trabaja llano con baquía y buena destreza pa montar un potro en pelo y un lazo a media cabeza.

Los valores que aquí guardo los pongo sobre la mesa, el respeto por delante y el deber con madureza, defender nuestro folclor con valentía y fortaleza, demostrando que tenemos un sitial en el planeta.

La semilla que sembré hoy, ya miré la cosecha, pues la regué con amor, constancia y mucha paciencia, podándole cada día sus ramas, que ya están hechas, y en el rumbo del «te quiero», mis hijos, mi fortaleza.

No tengo con qué pagarte, solo darte recompensas por lo mucho que aprendí en esas arduas faenas, paraleando los tranqueros, sabaneando tus querencias. En ese fundo bonito dejamos puesta la huella.

Aquella huella imborrable que trasciende las fronteras, con la musa relancina de mi copla sabanera, viajando por todas partes en la voz de los poetas, que llevan sus tradiciones al compás de un arpa recia.

Mi saber me identifica, hoy dejo prendía la brecha pa que sigan cultivando el saber con la experiencia, cruzando por majumbales, terronales y calcetas, y en la voz de un canta claro se escuchen sus elocuencias.

Traje el trino del turpial y del cubiro cuando vuela, también un tropel de bestia en plena sabana abierta y el relincho de un padrote por la costa de una cerca y el ronquío de un araguato cuando el invierno se acerca.

Mi verso ya se despide con la luna menguantera, con palmares y arreboles en esta copla viajera, trasnochando cimarrones, levantando tolvaneras, abrazando a mis dos hijos y levantando la bandera.

Se despiden tres copleros de pura casta veguera, defensores del folclor, pues lo llevo entre las venas. Agradezco por mi crianza en esa llanura inmensa, al joropo y al corrío lo cargo aquí como herencia.

Termina el contrapunteo, raza de una misma esencia, estillas de un mismo palo que marca la diferencia, donde el joropo realengo lo cantamos con potencia, haciendo una algarabía a todas nuestras vivencias.

81 NIDO DE AMOR

I

Te pararé una casita con techo *e* palma y bahareque donde vivamos los dos. A orillas de un arroyuelo donde coja el agua fresca con un canto arrullador. (Bis)

Con vista hacia el horizonte y un pequeño corredor, colgando sobre el alero distintas clases de flor, una cocinita *e* leña con troja para el fogón, brindando calor de hogar a nuestro nido de amor, y en la distancia se miren cielo, palma y arrebol.

Con vista hacia el horizonte y un pequeño corredor, colgando sobre el alero distintas clases de flor, una cocinita *e* leña con troja para el fogón, brindando calor de hogar a nuestro nido de amor, y en la distancia se miren cielo, palma y arrebol; cielo palma y arrebol.

II

Yo quiero un rancho veguero sin apariencias ni engaños con la bendición de Dios. Donde crezcan nuestros hijos corriendo por esos campos como el potro cimarrón. (Bis)

Donde se escuche el cantar del turpial y el ruiseñor, y en la mañana la vaca con el toro pitador, el canto del becerrero, tonada de ordeñador, el relincho del caballo y un gallo madrugador. Para mí es el paraíso la llanura y su esplendor.

Donde se escuche el cantar del turpial y el ruiseñor, y en la mañana la vaca con el toro pitador, el canto del becerrero, tonada de ordeñador, el relincho del caballo y un gallo madrugador. Para mí es el paraíso la llanura y su esplendor; la llanura y su esplendor.

82 RECUERDOS DE ANTAÑO

I

La copla se hace camino y el verso que es el baquiano, la musa que trae el viento esos recuerdos de antaño, las notas de un cuatro viejo que me hacen recordarlos.

La copla se hace camino y el verso que es el baquiano, la musa que trae el viento esos recuerdos de antaño, las notas de un cuatro viejo que me hacen recordarlos.

Pinto un verso con la pluma de aquel poeta inspirao, en su llanura bonita con un cielo despejao, la sabana verdecita y un horizonte lejano.

Un verde palmarital, los esteros anegaos, una tarde de arreboles, con el sol de venaos, el bullicio de un garcero y un alcaraván rayao.

II

Cómo negá el sentimiento donde soy nacido y criao, motivos pa que un llanero se sienta regociao, orgulloso de sus pampas y del suelo que lo ha formao.

Cómo negá el sentimiento donde soy nacido y criao, motivos pa que un llanero se sienta regociao, orgulloso de sus pampas y del suelo que lo ha formao.

Llanero, sí, soy llanero, el mismo contramarcao de cuchillo en la cintura de pantalón enrollao, baquiano de travesía, criollito de pie pelao.

El sombrero a medio palo de acaballo remontao, de estampa recia y bravía, pues soy llanero bragao, nacido en plena sabana cantando más que un carrao.

83 QUE NO ME FALTE TU AMOR

I

Ni el tiempo ni la distancia quebrantarán nuestro amor. Cuanto más tiempo te quiero, cuanto más tiempo mejor, si me ha flechado Cupido flanqueando mi corazón.

Ni el tiempo ni la distancia quebrantarán nuestro amor. Cuanto más tiempo te quiero, cuanto más tiempo mejor, si me ha flechado Cupido flanqueando mi corazón.

Que no me falten tus besos, que no me falte tu amor, tus caricias y tus mimos llenos de tu comprensión, tu olorcito en las mañanas con el frío madrugador, estirándote en mi cama despertando mi pasión.

Que no me falten tus besos, que no me falte tu amor, tus caricias y tus mimos llenos de tu comprensión, tu olorcito en las mañanas con el frío madrugador, estirándote en mi cama despertando mi pasión.

II

Tú me quieres, yo te quiero como la abeja a la flor, tú me amas y te amo juntos en un corazón traspasao por una flecha símbolo de nuestro.

Tú me quieres, yo te quiero como la abeja a la flor, tú me amas y te amo juntos en un corazón traspasao por una flecha símbolo de nuestro.

Me puede faltar el aire, me puede faltar el sol, una luna que me alumbre, un cielo multicolor, las estrellas del espacio y cada constelación, pero jamás que me falten tu compañía y tu calor.

Me puede faltar el aire, me puede faltar el sol, una luna que me alumbre, un cielo multicolor, las estrellas del espacio y cada constelación, pero jamás que me falten tu compañía y tu calor.

84 SERENATA A SANTA BÁRBARA

I

Pueblito de Santa Bárbara, cuánto te añoro y te aprecio, y hoy que me encuentro lejos, siento un dolor en el pecho que quebranta mis entrañas e inunda mis pensamientos. Se aflige mi corazón deseando un pronto regreso.

Recuerdos que nunca olvido de esos parrandos vegueros, con arpa, cuatro y maracas, y un amanecer llanero allá en el caney de Agroza, la casa del ganadero, tarde de toros coleados, deporte de los llaneros.

Quiero pintar tu belleza con el pincel del recuerdo, en óleo un atardecer con arreboles en lienzo de sus mejores paisajes en un cielo pintoresco.

Sus calles amplias y largas quisiera verlas de nuevo, adornadas con guirnaldas que resaltan del alero, y en la plaza sus muchachas que inspiran mi cancionero.

II

Pueblo criollo y legendario, en ti guardo un sentimiento, si di mis primeros pasos en tus campos polvorientos. Tengo el alma poquitica al trasladarme en el tiempo y acercarme a tu morada, terruño que tanto quiero.

Llegando por su avenida, me lleva al casco del centro, a su hermosa catedral. Le rezaré un padrenuestro, mi Virgen de Santa Bárbara, patrona de nuestro pueblo, gentilicio zamorano cabal, generoso y bueno.

Cómo olvidar a sus barrios: Hospital y Pueblo Nuevo, las Colinas, los Bucares, los Mangos con Pueblo Viejo, Inavi, las Trinitarias, José Félix y el Progreso.

Cinco de Julio y la Luisa, San José y el Aeropuerto, la Balsera y Santa Inés los caminé con mi verso, dejando esta serenata como un bonito recuerdo.

85 SAN RAFAEL DE UN ZAMORANO
(Poema autobiográfico)

I

Voy a evocar con mi canto, verda, familia, pampas de mis correderos, nacido allá en Caño *e* Playa, en las barrancas de aquel ranchito veguero. Del municipio de Zamora, la gran Barinas con orgullo verdadero, rinconcito de esperanza, terruño que tanto quiero.

N'el año setenta y cinco, del mes de mayo, con relámpagos y truenos, a las cinco *e* la mañana con los lebrunos fue que nació este llanero. Me recibió la alborada, con nubarrones en medio de un aguacero que desbordaba los ríos inundando los esteros.

II

Cantaron las paraulatas, el cristofué y el gallito lagunero; le acompañaba el turpial y el cardenal, canario y cucarachero. Se escuchó una algarabía de la macana y el tordito mastrantero, sabiendo que era un poeta que había nacido coplero.

San Rafael pescador, santo bendito, patrono del canoero, acompáñame en la proa pa navegar siendo tú mi compañero. A canalete y palanca remontaremos ríos, caños y esteros. En la curiara del verso, tú serás mi palanquero.

III

En los suelos zamoranos, donde crecí, con gentilicio sincero me formé con humildad, buenos principios los tuve desde pequeño. Corriendo libre en el campo, en esos montes como un potranco cerrero fui curtiéndome la piel en los quehaceres llaneros.

Santa Bárbara bendita, cuánto te debo; patrona de nuestro pueblo, en tus calles legendarias me cobijaste ya siendo un hombre completo. Así fue que me formé, con el instinto de un poeta aventurero defensor de las costumbres de nuestro folclor llanero.

Índice

AGRADECIMIENTOS 9

DEDICATORIA 11

PRÓLOGO 13

1. SIMPLEMENTE, MUJER 15

2. EL POEMA DE LAS BRUJAS DE PAREJA 17

3. SEÑORA BONITA 19

4. NO TEMAS 20

5. MIS PENSAMIENTOS VAN HACIA TI 21

6. HARÉ LO QUE ME PEDISTE 22

7. RESCATEMOS NUESTRO AMOR 23

8. POESÍA A MI PROFESORA 24

9. ROMANCE BAJO LA NOCHE 25

10. CARIÑO INFIEL 26

11. PAREJA, PUEBLO DE LA ALCARRIA 28

12. MI ESPOSA, AMIGA Y AMANTE 29

13. SERENATA PARA MI MADRE 31

14. LOS RECUERDOS DE MI AYER 32

15. DOÑA JUANA 33

16. QUIERO SENTIRTE 35

17. COPLA A MI LLANURA 36

18. LA PENA DEL POETA 37

19. HERMOSA FLOR DE CAYENA 38

20. BARRANCAS DEL RÍO CAPARO 39

21. COMPARACIÓN EXCELSA 40

22. CANTO A LAS AVES 41

23. MI VERANITO DE AGOSTO 42

24. UNA POESÍA ENAMORADA 43

25. CAMPESINITA 44

26. OSO SE LLAMÓ MI PERRO 45

27. YO SOY LA LLANURA MISMA 47

28. FALSA DE ALMA NEGRA 48

29. PADRE MÍO 49

30. MI CABALLO EL SERENATERO 50

31. NO HAY LLANO COMO MI LLANO 51

32. DIVINA OBSESIÓN 52

33. CORRÍO DE DOÑA BÁRBARA 53

34. AMOR PROHIBIDO 55

35. PATRONA DE VENEZUELA 56

36. REFLEXIONES DE UN ANCIANO 57

37. MAESTRO DE TODO EL TIEMPO 58

38. MI REFLEXIÓN 60

39. LA VIDA ES UNA CANCIÓN 61

40. POEMA PARA MI ESPOSA 62

41. CASITA VIEJA DE PALMA 63

42. ME ESTÁ MATANDO TU AUSENCIA 64

43. ERES MI DUEÑA Y SEÑORA 66

44. AMOR CONSENTIDO 67

45. SEÑOR DON JUAN 68

46. UN MINUTO PARA QUERERTE 69

47. SANTA BÁRBARA ES MI PUEBLO 71

48. MUCHACHITA QUINCEAÑERA 73

49. MADRE QUERIDA 74

50. AMOR NO CORRESPONDIDO 76

51. SOY UN POETA 78

52. NO DEJES PARA MAÑANA 79

53. DICIEMBRE TRISTE 81

54. OJITOS DE LUNA CLARA 82

55. QUIÉREME TAL COMO SOY 83

56. ERES TODO UN POEMA 85

57. LUNITA CLARA DE ENERO 86

58. OJITOS COLOR CANELA 87

59. LA POTRA ALAZANA 88

60. PADRE NO ES EL QUE ENGENDRA 89

61. POEMA, ¡AHORA QUÉ!... 90

62. MIS PLEGARIAS 91

63. JURAMENTO SAGRADO.................................... 92

64. HOMENAJE AL CAMPESINO 94

65. AMOR SUBLIME... 96

66. ALMAS GEMELAS.. 97

67. VIEJO CON ALMA JOVEN 98

68. EL AMOR POR MI TERRUÑO 100

69. SON TRES COPAS NADA MÁS 101

70. MUCHACHA, FLOR DE SABANA 102

71. BARINAS, TIERRA GRANDIOSA 103

72. EL HIJO DE LA HUMILDAD 104

73. DECLARACIÓN DE AMOR................................ 105

74. LLANERO 107

75. MI CORAZÓN NO ES DE PALO........................ 108

76. INDIO POR SER COMO SOY 109

77. AÑORANZAS PARA MI MADRE....................... 110

78. FORTALECIENDO LA INTEGRACIÓN 111

79. MI PATRIA, LA MÁS HERMOSA 113

80. CONTRAPUNTEO: TRES COPLEROS
Y UNA MISMA ESENCIA 114

81. NIDO DE AMOR 116

82. RECUERDOS DE ANTAÑO 117

83. QUE NO ME FALTE TU AMOR 118

84. SERENATA A SANTA BÁRBARA....................... 119

85. SAN RAFAEL DE UN ZAMORANO).................. 121